DEUTSCH 4
Grammatik

Kompetent
Aufsteigen ...

4. Klasse AHS·NMS

Margit Pieler / Günter Schicho

G&G

Symbolerklärung

Übungsaufgabe:
Die Übungen sind fortlaufend nummeriert, sodass du sie auch im Lösungsteil für die Kontrolle leicht wiederfindest. Einige Übungen kannst du im Buch erledigen (z. B. Ausfüllen von Lückentexten, Einsetzen in Spalten, Unterstreichen im Text, Kreuzworträtsel), für andere Übungen ist es aber ratsam, dass du dir ein kleines Übungsheft anlegst.

In einem solchen Kästchen findest du **wichtige Kurzinformationen** und **leicht verständliche Erklärungen** zum jeweiligen Thema.

Wichtiger Merksatz! Guter Tipp! Merk dir das gut!

Wenn du Übungen in dieser Schrift siehst,
sind Fehler in den Texten enthalten, die du richtigstellen sollst!

Beachte, dass bei Texten in Großbuchstaben das ß durch SS ersetzt wird!

Dem Buch ist ein Lösungsheft beigelegt, in dem alle Übungen dieselbe Nummer haben wie im Buch und genau ausgearbeitet sind.

Verweis! Schau dort nach!

www.ggverlag.at

ISBN 978-3-7074-1896-5

In der aktuell gültigen Rechtschreibung

2. Auflage 2017
Illustrationen: Elena Obermüller
Printed by Litotipografia Alcione, Lavis-Trento, über Agentur Dalvit, D-85521 Ottobrunn

Liebe Schülerin! Lieber Schüler!

Du hältst ein Übungsbuch in der Hand, das dir helfen soll, den Lernstoff wirklich zu verstehen und mit einer besseren Note in Deutsch in die nächste Klasse aufzusteigen.

Wahrscheinlich hat dir deine Lehrerin/dein Lehrer empfohlen, Grammatik oder Rechtschreiben zu üben. Das kannst du mit dem vorliegenden Übungsbuch besonders gut! Denn die Übungen sind abwechslungsreich und machen Spaß, weil du schnell erste Erfolgserlebnisse hast. Bald wirst du merken, wie viel du schon gelernt hast und dass dir jetzt manches leichter fällt.

„Kompetent AUFSTEIGEN in Deutsch 4 – Rechtschreiben" und „Kompetent AUFSTEIGEN in Deutsch 4 – Grammatik" enthalten den wichtigsten Stoff der 4. Klasse AHS und NMS.

Zu jedem Thema gibt es sehr einfache Merksätze und leicht verständliche Kurzinformationen. Danach folgen Übungen in unterschiedlichen Schwierigkeitsgraden.

Die Übungen helfen dir, **Sicherheit zu gewinnen** und **dein Wissen richtig anzuwenden**.

Nach jedem Kapitel gibt es einen Schlusstest sowie einen Kompetenz-Check, wo du selbst ankreuzt, was du schon kannst.

Du kannst übrigens auch allein üben, denn alle Übungen sind im Lösungsteil genau ausgearbeitet.

Wir wünschen dir viel Erfolg beim kompetenten AUFSTEIGEN in Deutsch!

Liebe Eltern!

Sie halten ein Übungsbuch in der Hand, das die Deutschkenntnisse Ihres Kindes mit **einfachen Übungen** und **leicht verständlichen Merksätzen** verbessern kann.

Die beiden Bücher „Kompetent AUFSTEIGEN in Deutsch 4 – Rechtschreiben" und „Kompetent AUFSTEIGEN in Deutsch 4 – Grammatik" sind auf die Lernziele, die Ihr Kind im 8. Schuljahr (4. Klasse AHS und NMS) erreichen soll, abgestimmt.

Die Bücher entsprechen den festgelegten **österreichischen Bildungsstandards**.

Sie fördern die **Selbsttätigkeit** Ihres Kindes und helfen ihm, die geforderten **Kompetenzen** zu erlangen. Deshalb sind die Bücher so aufgebaut, dass ein Selbststudium durch die Lernenden möglich ist. Hilfe und Interesse seitens einer Lernbetreuung sind aber immer gut!

Zum Umgang mit diesem Buch:

Die Übungen der einzelnen Kapitel sind mit steigendem Schwierigkeitsgrad angelegt, sodass die Lernenden von leichten Anfangsübungen schrittweise zu komplexeren Aufgaben geführt werden.

Jedes Kapitel wird mit einem einfachen Theorieteil eingeleitet. In schrittweisen Erklärungen und mit leicht verständlichen Kurzinformationen werden die theoretischen Voraussetzungen für die folgenden Übungen gelegt.

Die Übungen werden jeweils genau beschrieben und sehr oft beispielhaft vorgearbeitet. Die Antworten können meistens gleich direkt ins Buch geschrieben werden. Für manche Übungen ist ein Übungsheft notwendig.

Im Lösungsteil ist jede Übung komplett ausgearbeitet. Die Beispiele sind so gewählt, dass sie **eindeutig zu lösen** sind und das Kind **eine sichere Kontrolle** hat.

Die Übungsbücher sind **lehrbuchunabhängig** und können neben jedem Schulbuch verwendet werden. Sie können auch als Nachschlagewerk bei etwaigen Fragen zu Grammatik und Rechtschreibung dienen.

Zur Festigung und weiteren Überprüfung können die Übungstexte der beiden Bände für kurze Diktate verwendet werden.

Bei Schülern mit Schwierigkeiten in Deutsch kann durch das Hinführen zum Verständnis von grammatikalischen und orthografischen Zusammenhängen und durch gezieltes Üben eine merkliche Verbesserung erreicht werden. Diese beiden Übungsbände helfen dabei!

Viel Erfolg wünschen Ihrem Kind

Margit Pieler und Günter Schicho

Inhalt

Satzlehre

Wortlehre

Die Wortarten

In diesem Buchstabenfeld sind die lateinischen Bezeichnungen aller Wortarten, die du in den vergangenen Schuljahren gelernt hast, versteckt. Sie sind in Leserichtung waagrecht und senkrecht angeordnet. Finde sie und umrande sie!

J	A	Z	U	K	O	N	J	U	N	K	T	I	O	N	I	N	G
M	L	P	R	F	G	K	Ä	C	H	R	I	E	S	T	N	B	B
N	P	R	Ä	P	O	S	I	T	I	O	N	B	N	U	T	D	N
F	O	O	U	Z	T	R	E	R	T	G	U	H	V	I	E	F	M
Z	R	N	A	Z	T	Z	P	Ü	A	D	M	I	W	K	R	G	L
R	N	O	M	E	N	T	A	A	D	V	E	R	B	I	J	N	I
T	B	M	W	A	S	S	R	T	J	U	R	V	O	Ü	E	B	U
W	V	E	R	B	Z	J	I	U	E	I	A	R	T	I	K	E	L
I	U	N	E	R	T	Z	Q	U	K	J	L	O	Z	Ü	T	P	E
Y	X	C	V	B	N	M	Ä	K	T	Z	E	Q	Z	O	I	O	R
H	A	S	D	F	G	H	J	K	I	O	X	E	N	A	O	O	T
A	S	D	F	G	H	J	K	L	V	P	N	T	E	S	N	A	I

Präge dir diese Übersicht gut ein!

Grundwortarten

Verb (Zeitwort)

Nomen (Namenwort)

Adjektiv (Eigenschaftswort)

Begleiter und Stellvertreter des Nomens

Pronomen (Fürwort)

Artikel (Geschlechtswort)

Numerale (Zahlwort)

Partikeln (unveränderliche Wortarten)

Adverb (Umstandswort)

Präposition (Vorwort)

Konjunktion (Bindewort)

Interjektion (Ausrufewort)

Ü 2

Nun eine schwierige Anfangsübung, mit der du deinen Wissensstand testen kannst:
Bestimme die Wortarten aller Wörter in den folgenden Sätzen!
Achtung: Es geht nicht um die Bestimmung von Satzgliedern (Subjekt, Prädikat, Objekt),
sondern um die Bestimmung der Wörter nach ihrer Art (Verb, Nomen, Adjektiv ...)!
Schreibe die richtige Wortart über jedes Wort!

Verwende folgende Abkürzungen:
N = Nomen, V = Verb, A = Artikel, Adj = Adjektiv, Adv = Adverb, Int = Interjektion,
Num = Numerale, Konj = Konjunktion, Pr = Pronomen, Präp = Präposition

A
Der Professor fragt Michael, ob er 27 durch drei teilen könne.

„Ja! Zehn, zehn und sieben!", antwortet dieser.

Der staunende Mathematiklehrer schüttelt sehr heftig seinen Kopf.

Adverb
„Von gerechter Teilung war nicht die Rede", schmunzelt der freche Schüler.

Tolle Leistung, solltest du alles richtig haben!
Keine Sorge, wenn du nicht alles richtig hast oder einige Wörter nicht zuordnen kannst.
Folgende Übungen helfen dir!

Verben

Verben stehen in einer bestimmten **Form (Verbformen)**.
Verben werden nach der **Art** ihrer Selbstständigkeit unterschieden **(Verbarten)**.
Mit dem Verb kannst du die **Aussageweise** eines Satzes verändern.
Mit dem Verb kannst du ein **Verhalten** im Aktiv oder im Passiv darstellen.
Mit dem Verb kannst du mitteilen, **wann** etwas geschieht **(Zeitformen)**.

Verbformen

1. **Finite** (bestimmte) **Form – Personalform**
   Beim finiten Verb kannst du **Person, Zahl** und **Zeitform** bestimmen.
   Im Satz werden finite Verbformen als **Prädikat/Prädikatsteil** verwendet und stimmen mit
   dem **Subjekt** in Person und Zahl überein.
   Beispiele: **Er** schreib**t** eine Notiz auf. (3. Person Singular, Präsens)
   Wir schrieb**en** einen Test. (1. Person Plural, Präteritum)
   Du wir**st** telefonieren. (2. Person Singular, Futur I)

2. **Infinite** (unbestimmte) **Formen**
   Beim infiniten Verb kannst du weder **Person** noch **Zahl** noch **Zeitform** bestimmen.
   Infinite Verben sind im Satz vom Subjekt unabhängig.
   Infinite Verbformen sind:
   • Infinitiv (Nennform): schreib**en**, telefonier**en**
   • 1. Partizip (Mittelwort der Gegenwart): schreib**end**, telefonier**end**
   • 2. Partizip (Mittelwort der Vergangenheit): **ge**schrieb**en**, telefonier**t**

Ü 3

Unterstreiche die zehn Verben, die in finiter (bestimmter) Form stehen!

koche – hast – springend – gezogen – ist – tropfend – stehst – schweigend – lagen – ließ –
liegende – gekocht – rieb – ansteckende – werde – nimmst – fraßen – aufgelegt – sein

 Das **1. Partizip** (Mittelwort der Gegenwart) bildest du, indem du an den Wortstamm die **Endung -nd** anhängst (schreib**nd**, bettel**nd**).

 Das **2. Partizip** (Mittelwort der Vergangenheit) bildest du mit der **Vorsilbe ge-** und mit der **Endung -t** oder **-en**.
Die Vorsilbe **ge-** kann auch manchmal nach einer anderen Vorsilbe (**ausge**schrieb**en**) stehen oder überhaupt fehlen (telefonier**t**, **ver**lor**en**).

 Ü 4

Vervollständige die Tabelle der infiniten Verbformen!

Infinitiv	1. Partizip	2. Partizip
wischen		
	schweigend	
		gegrüßt
lesen		
	reißend	
		geschoben
anmalen		
	schwörend	
		geschrubbt
nörgeln		

 Bei der **Konjugation** (= Formveränderung oder Beugung des Verbs) ändert sich die **Endsilbe** (= Suffix) des Verbs, aber auch der **Stammvokal** des Verbs kann sich ändern.

Verändert das Verb vom **Präsens** zum **Präteritum** den Vokal (= Ablaut) im **Wortstamm** (schr**ei**ben – schr**ie**b), hat das **Präteritum keine Endung** (schrieb) und endet das 2. Partizip auf **-en** (geschrieb**en**), spricht man von einem **starken Verb**.

Bleibt der **Wortstamm unverändert** (z**ei**chnen – z**ei**chnete), spricht man von einem **schwachen Verb**. In der Personalendung im **Präteritum** wird nur ein **-te** angefügt und das 2. Partizip endet auf **-t** (gezeichne**t**).

Gemischte Verben ändern wie die starken Verben den **Stammvokal** (d**e**nken – d**a**chte), haben aber im Präteritum wie schwache Verben die Endung **-te** und im 2. Partizip die Endung **-t** (gedach**t**).

Du siehst an den **drei Stammformen** des Verbs, die du **zur Zeitenbildung benötigst**, ob ein Verb stark, schwach oder gemischt gebeugt ist.

1. Stammform	2. Stammform	3. Stammform	Beugung
Infinitiv	Präteritum	2. Partizip	(Konjugation)
(Nennform)	(Mitvergangenheit)	(2. Mittelwort)	
schreiben	schrieb	geschrieben	stark
zeichnen	zeichnete	gezeichnet	schwach
denken	dachte	gedacht	gemischt

Bilde von den folgenden Verben die drei Stammformen und gib an, ob sie stark, schwach oder gemischt gebeugt sind!

1. Stammform	2. Stammform	3. Stammform	Beugung
Infinitiv	Präteritum	2. Partizip	
grüßen			
nachdenken			
aufwaschen			
rennen			
auffressen			
nennen			
frieren			
wenden			
(2 Möglichkeiten)			
senden			
(2 Möglichkeiten)			
bügeln			
brennen			
schließen			
kennen			
vorlesen			
melken			
(2 Möglichkeiten)			
nachsenden			
(2 Möglichkeiten)			

Es gibt Verben, die je **nach Verwendung stark oder schwach gebeugt** (konjugiert) werden. Haben diese Verben eine **Ergänzung im 4. Fall** (Akkusativobjekt), dann werden sie **schwach gebeugt**, haben sie keine, dann werden sie stark gebeugt.

O4

Beispiel: Er **erschreckte** seine Schwester. ⟶ erschrecken – erschreckte – erschreckt
Sie **erschrak** über seinen Scherz. ⟶ erschrecken – erschrak – erschrocken

Ü 6

Setze die angegebene Verbform im Präteritum richtig ein!
Überlege, ob das Verb stark oder schwach gebeugt wird!
Schreibe die Stammformen unter die Sätze auf die Linie!
Unterstreiche anschließend die Ergänzungen im 4. Fall (Akkusativobjekte)!

bleichen: Die Sonne _____ die Zeitschriften aus.

_____

Dieser Vorhang ver_____ .

_____

hängen: Er _____ den Jahresplaner in der Klasse auf.

_____

Das Plakat _____ an der Wand.

_____

löschen: Die Feuerwehr _____ das Feuer sehr rasch.

_____

Das Feuer der Kerze er_____ .

_____

Es gibt aber auch Verben, die je **nach Bedeutung stark oder schwach gebeugt** (konjugiert)
werden. Hierbei kannst du dich nicht an einer Ergänzung orientieren, sondern musst dir
die jeweilige Bedeutung merken.

Beispiel:
Wir **schleiften** (zogen) den Schrank über den Fußboden. ⟶ schleifen – schleifte – geschleift
Der Optiker **schliff** (schneiden) die Gläser. ⟶ schleifen – schliff – geschliffen
Der Fleischhauer **schliff** (schärfen) das Messer. ⟶ schleifen – schliff – geschliffen

Ü 7

Setze die angegebene Verbform im Präteritum richtig ein! Schreibe die Stammformen
in die Zeile darunter! Merke dir die jeweilige Bedeutung, in der das Verb verwendet wird!

senden: Das Fernsehen _____ (übertragen, ausstrahlen) im Nachmittags-
programm lustige Filme.

_____

Die bestellte DVD _____ (schicken) sie uns per Post.

_____

wiegen: Mutter _____ (schaukeln) meine kleine Schwester in den Schlaf.

_____

Ich _____ (Gewicht bestimmen) die Erdbeeren auf der Obstwaage ab.

_____

wenden: Wir _____ (Unterstützung suchen) uns mit diesem Problem an den
Schulsprecher.

_____

Der Fahrer _____ (umdrehen) den Lastwagen in dieser weiten Kurve.

_____

Setze die passenden Verbformen (Person, Zahl) im Präsens ein!
Das Verb ist jeweils in Klammer im Infinitiv angegeben.

1. _____ dir deine Schularbeit nochmals durch! (lesen)
2. Er _____ an unserer Schule den Rekord im Weitspringen. (halten)
3. Dabei _____ du sicherlich den Bleistift ab! (brechen)
4. Erika _____ die Kerzen am Adventkranz aus. (blasen)
5. Wo _____ Vater hin? (fahren)
6. Felix _____ beim Darts schon zum zweiten Mal in die Mitte. (treffen)
7. Brigitte _____ sich noch schnell die Beine. (vertreten)
8. Sie _____ gerade die Länge des Stoffes. (messen)
9. Frederik _____ der Henne unbemerkt drei Eier aus dem Nest. (stehlen)
10. Warum _____ du die schwere Schultasche nicht am Rücken? (tragen)

Setze die Verbformen im Präteritum ein! Das Verb steht in Klammer im Infinitiv.

1. Die Münze _____ in den Brunnen. (fallen)
2. Die Amsel _____ den Regenwurm. (fressen)
3. Es _____ am helllichten Tag. (geschehen)
4. Unser Hund _____ ein Loch für seinen Knochen. (graben)
5. Sie _____ zu diesem Anlass ein schwarzes Kleid. (tragen)
6. Dieses Gerät _____ die Feuchtigkeit in der Wand. (messen)
7. Die gefährliche Schlange _____ unter den Teppich. (kriechen)
8. Er _____ die ganze Klasse zu seiner Geburtstagsparty ein. (laden)
9. Gregor _____ die Augen ganz fest zusammen. (kneifen)
10. Sabrina _____ mir einen schönen Zopf. (flechten)

Schreibe die drei Verben, die sich reimen, jeweils in der 3. Person Singular im Präteritum auf!
Unterstreiche die Verbform, die nicht zu den anderen passt!

Beispiel: baden – laden – schaden : er badete – er lud – er schadete

1. pressen – essen – fressen _____
2. taufen – laufen – schnaufen _____
3. heben – schweben – weben _____
4. sprechen – stechen – rechen _____
5. streiten – verbreiten – reiten _____
6. treten – kneten – beten _____
7. wagen – schlagen – sagen _____
8. biegen – fliegen – siegen _____
9. verlassen – verpassen – verblassen _____
10. messen – essen – pressen _____

Ü 11

Vervollständige die Tabelle!
Bestimme Person, Zahl und Zeitform bzw. ergänze die infinite Verbform!

Infinitiv	finite Form	Bestimmung
besitzen	wir besitzen	1. P. Plural, Präsens
	du riefst	
sägen		3. P. Plural, Perfekt
	er segnete	
blättern		2. P. Singular, Futur I
	ich schnitt ab	
nummerieren		3. P. Plural, Plusquamperfekt
	sie wird ausbessern	
abzählen		1. P. Singular, Perfekt
	es frisst	

Ü 12

Finde im Text „Wieso ist die Spitzmaus keine Maus?" alle Verbformen, die infinit verwendet sind! Unterstreiche sie und gib an, um welche Formen es sich handelt!

Mit Tiernamen muss man sehr aufpassen. Sie wurden nämlich von Leuten gegeben,

die keine Wissenschaftler waren. Sie haben Tiere oft einfach nach der Ähnlichkeit bezeichnet,

z. B. alle kleinen, herzigen, wolligen Säugetiere als Maus.

Das muss aber gar nicht stimmen. Denke nur an die Fledermaus, die auch keine Maus ist.

Echte Mäuse sind nämlich eine ganz bestimmte Gruppe von Nagetieren, zu ihnen gehört

z. B. auch die Ratte, die gar nicht „Maus" heißt!

Spitzmäuse aber sind nicht einmal Nagetiere, sondern Insektenfresser!

Ihre nächsten Verwandten sind bei uns der Igel und der Maulwurf.

Ein Blick ins Mäulchen – und alles ist klar: Mäuse haben oben und unten je zwei lange

Nagezähne (wie ein Meerschweinchen oder ein Goldhamster), Spitzmäuse haben viele kleine

spitze Zähnchen, sie sehen aus wie ein kleines Raubtier, wenn sie das Mäulchen aufreißen. (...)

Spitzmäuse brauchen lebende Beute, also Käfer, Würmer, Raupen. Und damit sind sie in

einem Acker und im Garten überaus nützlich, weil sie Insekten fressen, die sonst vielleicht

Schaden anrichten könnten.

(Nach: Reinhold Gayl, Renate Maderbacher: 100 Kinderfragen zur Natur. Frage 13. Wien 2003.)

Ü 13

Markiere im Text der Übung 12 alle finit verwendeten Verbformen!
Gib auch Person und Zahl an!
Schreibe sie über die Verben!

Verbarten

1. **Vollverben**
   Die meisten Verben sind **Vollverben**. Sie bilden die **einteiligen Zeitformen** durch Wechsel im Stammvokal oder durch Anhängen einer Endung.
   Beispiel: ich schr**ei**be – ich schr**ie**b (starkes Verb)
                sie tanz**t** – sie tanz**te** (schwaches Verb)

2. **Hilfsverben**
   Sie heißen: **haben, sein, werden**
   Mit ihnen bildest du die **zweiteiligen Zeitformen**. Sie begleiten ein Vollverb.
   Beispiele: Er **hat** seine Hausübung geschrieben.
                 Sie **wird** tanzen.

   Du benötigst die Hilfsverben auch zur **Passivbildung**.
   Beispiele: Die Hausübung **wird** (von ihm) geschrieben. (Vorgang)
                 Die Hausübung **ist** geschrieben. (Zustand)

   Die Hilfsverben können auch **als Vollverben** gebraucht werden.
   Er **ist** da. Sie **hat** eine neue Schultasche. Sie **war** Ärztin.

3. **Modalverben**
   Die Hilfsverben der Aussage heißen:
   dürfen, können, wollen, sollen, mögen, möchten, müssen
   Sie sind immer mit dem Infinitiv eines Vollverbs verbunden.
   Du änderst (modifizierst) mit den Modalverben die **Bedeutung** eines Satzes.
   Beispiele: Er **darf** ein Eis essen.
                 Wir **können** nicht mehr länger warten.

4. **Modifizierende Verben**
   Das sind z. B. **pflegen, scheinen, meinen, beabsichtigen, gedenken** ...
   Sie sind immer mit „zu" und dem Infinitiv eines Vollverbs verbunden.
   Du bewirkst (wie auch mit den Modalverben) eine Veränderung der Aussage eines Satzes.
   Beispiele: Er **beabsichtigt** heute zu kommen.
                 Sie **scheinen** uns nicht zu hören.

Gib an, um welche Verbarten es sich handelt! Beachte das Merkkästchen oberhalb!

1. wir lernen
2. er möchte   schlafen
3. sie hat   gesprochen
4. du musst   austrinken
5. ich werde   verreisen
6. sie scheinen   zu kommen
7. er hatte   angerufen
8. ich war   gekommen
9. du vermutest
10. er ist   langsam

Die Aussageweise (Der Modus)

1. **Indikativ** (Wirklichkeitsform)
   Der Indikativ ist der Modus, den du normalerweise verwendest. Mit ihm drückst du aus,
   dass es sich um eine **tatsächliche** (reale/wirkliche) **Begebenheit** handelt.
   Beispiele: Er **schreibt** seine Hausübung.
   　　　　　Sie **schrieb** mir eine Ansichtskarte.

2. **Konjunktiv I** (Möglichkeitsform)
   Mit ihm drückst du aus, dass es sich um einen **Wunsch** oder eine **Möglichkeit** handelt.
   Das ist auch die Form, die du bei der Wiedergabe von Gesagtem verwendest
   (= **indirekte Rede**).

   Den **Konjunktiv I** bildest du **mit dem Infinitiv** (Nennform).
   Er unterscheidet sich oft nur wenig oder gar nicht von der Form des Präsens.
   ich **schreibe** (Präsens) ⟶ ich **schreibe** (Konjunktiv I)
   er **schreibt** (Präsens) ⟶ er **schreibe** (Konjunktiv I)
   Beispiele: Er sagt, er **schreibe** seine Hausübung.
   　　　　　Sie sagte, sie **schreibe** mir eine Ansichtskarte.

3. **Konjunktiv II** (Möglichkeitsform)
   Du verwendest ihn, **wenn etwas stark angezweifelt wird**, scheinbar unmöglich ist
   oder nur gedacht wird.

   Den **Konjunktiv II** bildest du mit dem **Präteritum** (2. Stammform).
   Beispiele: Er sagte, er **schriebe** seine Hausübung. (Ich glaube es aber nicht!)
   　　　　　Ich **bekäme** gerne Post. (Ich erwarte aber keine Post!)

   Unterscheidet sich der Konjunktiv I nicht vom Indikativ, wird in der **indirekten Rede** der
   Konjunktiv II verwendet.

4. **Imperativ** (Befehlsform)
   Mit dem **Imperativ** richtest du eine **Bitte**, eine **Aufforderung** oder einen **Befehl** an jemanden.

   Die Form des Imperativs wird aus dem **Präsensstamm** gebildet.
   Beispiele: **Schreib** endlich deine Hausübung!
   　　　　　Nehmt bitte Platz!

Ü
15

Bestimme Verbart und Aussageweise! Beachte das Merkkästchen oberhalb!

es blüht	Vollverb, Indikativ	ihr fasset	
Fülle das aus!		du hast	
er goss ein		Trinkt aus!	
sie weinte		sie müsse	
wir wollen		Käme er endlich!	
sie wolle		wir möchten	
er spräche		sie möge	

Ü

16

Ordne die Verben in die passenden Spalten ein!
Achtung: Doppelzuordnungen sind möglich!

schliefe – schlafe – schlaf – schlaft – schläfst; nimmt – nähme – nehme – nimm – nimmst – nehmt; lassen – ließ – lasset – ließe – lässt – lasse – lass; zeigen – zeig – zeigt – zeigte – zeigst – zeige

Indikativ	Konjunktiv I + II		Imperativ	
_____	_____	_____	_____	_____
_____	_____	_____	_____	_____
_____	_____	_____	_____	_____
_____	_____	_____	_____	_____

Eine Abstufung (Modifizierung) **der Aussage** kann durch die Verwendung des **Konjunktivs II**, mit den **Modalverben**, mit den **modifizierenden Verben** und auch durch Einsatz von **Situativen** erreicht werden.

1. **Konjunktiv II** (Möglichkeitsform)
   Du verwendest ihn, wenn etwas **stark angezweifelt** wird, scheinbar **unmöglich** ist oder **nur gedacht** wird, wenn etwas **abgestuft** werden soll.
   Beispiele: Man sagt, es **stünde** schlecht für ihn.
                     Angeblich **ginge** es ihr schon besser.

2. **Modalverben** (Hilfsverben der Aussage) ändern die **Bedeutung** einer Aussage.
   Du modifizierst die Aussage **(stufst sie ab)**.
   Die Modalverben heißen: **dürfen, können, wollen, sollen, mögen (möchten), müssen**
   Folgende Abstufungen/Bedeutungsabsichten der Aussage sind möglich:
   dürfen – Erlaubnis: Ich darf noch bleiben.
   können – Fähigkeit, Möglichkeit: Ich kann früher kommen.
   wollen – Wunsch, Vorsatz: Er will noch bleiben.
   sollen – Aufforderung: Sie soll mitkommen.
   mögen – Wunsch: Ich mag/möchte Ruhe haben.
   müssen – Befehl, Notwendigkeit: Ich muss noch einkaufen gehen.

3. **Modifizierende Verben** bewirken (wie auch die Modalverben) eine Veränderung (Abstufung) der Aussage eines Satzes.
   Modifizierende Verben sind: **pflegen, scheinen, meinen, beabsichtigen, gedenken, hoffen, wünschen, brauchen, glauben** ...
   Beispiele: Er **beabsichtigt** zur Schularbeit zu kommen.
                     Sie **glaubt** das allein zu schaffen.

4. **Situative** sind Wörter, die zu Situationen Stellung nehmen.
   Du verwendest sie zur Veränderung (Abstufung) einer Aussage.
   Situative sind: **wahrscheinlich, fast, möglicherweise, sicherlich, vermutlich, natürlich, besonders, ziemlich, sicher, kaum, gewiss, wohl, meistens, teilweise, komplett, hoffentlich, gar nicht** ...
   Beispiele: Die Party findet **höchstwahrscheinlich** bei mir statt.
                     Möglicherweise kommt er auch.

Ü 17

Verändere die Aussage der folgenden Sätze, indem du die in Klammer stehenden Modalverben/modifizierenden Verben einfügst!
Unterstreiche jeweils in den neuen Sätzen den Infinitiv bzw. „zu" + Infinitiv!

1. Jutta ist glücklich in der neuen Schule. (scheinen)
   Jutta scheint _____

2. Felix besucht nächstes Jahr die HTL. (möchten)
   _____

3. Robert hat ein neues Fahrrad. (wollen)
   _____

4. Sandra kauft sich ein neues Kleid im Sommerschlussverkauf. (dürfen)
   _____

5. Daniela ist rechtzeitig da. (hoffen)
   _____

6. Gabi hat die Kinokarte verloren. (meinen)
   _____

7. Oliver ist um 23 Uhr zu Hause. (müssen)
   _____

8. Theo trinkt koffeinfreien Kaffee. (glauben)
   _____

9. Petra turnt nicht mit. (brauchen)
   _____

10. Veronika bekommt ein Gut auf die Schularbeit. (wünschen)
    _____

Ü 18

Füge in die Sätze die Situative, die jeweils am Satzende in Klammer stehen, ein!

1. Das Gespräch mit Pauls Lehrerin am Elternsprechtag ist gut verlaufen. (äußerst)
   _____

2. Er hat den Schicksalsschlag gut verkraftet. (ziemlich)
   _____

3. Unsere Hündin bekommt Junge. (wahrscheinlich)
   _____

4. Das Steak war nicht zu essen. (fast)
   _____

5. Großvater wird morgen auf die Kinder aufpassen. (hoffentlich)
   _____

6. Bernhard schießt ein Tor. (meistens)
   _____

7. Karoline hat den Treffpunkt vergessen. (sicherlich)
   _____

8. Felix löst das Rätsel. (gewiss)
   _____

9. Die Bahn hat Verspätung. (vermutlich)
   _____

10. Die Öffnungszeiten haben sich geändert. (teilweise)
    _____

Die indirekte Rede

Bei der **indirekten Rede** gibst du das Gespräch **dem Sinn nach** wieder.
Das Verb steht im **Konjunktiv I**.
Du drückst so aus, dass du nicht deine Meinung, sondern die eines anderen äußerst.

Beispiel: Er sagt, <u>er</u> **schreibe** gerade ein E-Mail.

Bei der Umformung von direkter in indirekte Rede ändert sich das **Pronomen**.
Beispiel: Sie verspricht: „Ich **komme** gleich."
       Sie verspricht, <u>sie</u> **komme** gleich.

Unterscheidet sich der Konjunktiv I nicht vom Indikativ, wird in der **indirekten Rede**
der **Konjunktiv II verwendet**.
Beispiel: Sie sagt, ich **singe** falsch. (ich singe ⟶ Indikativ und Konjunktiv I sind gleich.)
       Sie sagt, ich **sänge** falsch. (Konjunktiv II)

Indirekte Rede kannst du auch mit **„dass-Sätzen"** ausdrücken.
Beispiel: Er sagt, <u>er</u> **schreibe** ein E-Mail.
       Er sagt, **dass** <u>er</u> ein E-Mail **schreibe**.

Ist die direkte Rede ein **Fragesatz**, musst du die indirekte Rede als **„ob-Satz"** formulieren!
Beispiel: Ich frage ihn: „Freust du dich über deine Note?"
       Ich frage ihn, **ob** <u>er</u> <u>sich</u> über seine Note **freue**.

Befehle und Aufforderungen werden in der indirekten Rede mit **„mögen"** und **„sollen"**
wiedergegeben.
Beispiel: Der Klassenvorstand fordert seine Klasse auf: „Arbeitet in Zukunft sorgfältiger!"
       Der Klassenvorstand fordert seine Klasse auf, sie **möge** in Zukunft sorgfältiger arbeiten.

Wenn die **Konjunktivform altertümlich** oder seltsam klingt, solltest du eine **Umschreibung mit**
„würde" oder ein **Modalverb** verwenden.
Beispiel: er trug ⟶ er trüge ⟶ er würde tragen/er sollte tragen
       sie las ⟶ sie läse ⟶ sie würde lesen/sie wollte lesen

Eine **Umschreibung mit „würde"** oder die **Verwendung eines Modalverbs** solltest du auch
heranziehen, wenn sich die Form des **Konjunktivs II vom Präteritum nicht unterscheidet**.
Beispiel: wir glaubten (Präteritum) ⟶ wir glaubten (Konjunktiv II)
                      ⟶ wir **würden** glauben
                      ⟶ wir **sollten** glauben (Modalverb)

1. Die Lehrerin lobt den neuen Schüler: „Ich freue mich über deine gute Schularbeit."
   _____

2. Der Klassensprecher behauptet: „Keiner meiner Mitschüler hat die Tafel beschmiert."
   _____

3. Die Frau am Schulbuffet fragt mich: „Willst du einen Toast oder ein Hotdog?"
   _____

4. Die Putzfrau warnt die Schülerin: „Achte auf den nassen, rutschigen Fußboden!"
   _____

5. Babsi fragt mich: „Kannst du mir nochmals die Mathematikhausübung erklären?"
   _____

6. Tanja brüllte ihren Banknachbarn an: „Gib deine Füße von meiner Schultasche!"
   _____

7. Edith jubelt: „Ich habe null Fehler beim Musiktest!"
   _____

8. Petra sagte zu mir: „Deine neue Frisur gefällt mir sehr gut!"
   _____

9. Meine Freundin meint: „Du findest nie die richtigen Worte."
   _____

10. Der Zahnarzt ermahnt mich: „Putze deine Zähne ordentlicher!"
    _____

_____

_____

_____

_____

_____

Setze bei den Sätzen, die in der indirekten Rede stehen, den Konjunktiv I ein!
Wenn der Konjunktiv I mit dem Indikativ gleich ist, verwende den Konjunktiv II!
Wenn der Konjunktiv II altertümlich klingt oder mit dem Präteritum gleich ist, verwende eine
Umschreibung mit „würde"! Das zu verwendende Verb steht in Klammer.

1. Unser Klassenvorstand hat uns versprochen, er _____ mit uns am Schulschluss eine Abschlussparty organisieren. (werden)

2. Ich fragte den Polizisten, ob es möglich _____, hier zu parken. (sein)

3. Sie behauptet, ich _____ im Chor als Einzige falsch. (singe)

4. Unser Direktor erklärte uns, wir _____ uns für eine bessere Schulgemeinschaft einsetzen. (müssen)

5. Sie gab mir den Tipp, dass ich dieses Ersatzteil auch per Internet bestellen _____. (können)

6. Einige Schülerinnen meinten, sie _____ auch ohne Üben bei der Schularbeit zurecht. (kommen)

7. Peter behauptete, ich _____ alle Kekse allein _____. (aufessen)

8. Die Vermieterin erklärte mir, ich _____ mir von der Wohnung nicht zu viel erwarten. (dürfen)

9. Sie sagten, sie _____ bereits 20 Minuten auf das Taxi _____. (warten)

10. Meine Großmutter erzählte mir, sie _____ jeden Tag die Zeitung und _____ abends immer die Nachrichten im Radio. (lesen, hören)

In der folgenden Geschichte „Was wäre, wenn …" kommen viele Verben im Konjunktiv II vor. Unterstreiche diese!

22

Ich sitze vor dem Fernseher und schaue mir eine Serie an, in der drei Schwestern übersinnliche Kräfte besitzen und diese auch immer wieder einsetzen.

Besäße ich übersinnliche Fähigkeiten und hätte magische Kräfte in mir, ich würde mir meinen schulischen Alltag sehr erleichtern.

Als Erstes zauberte ich mir Hausübungshefte für jedes Unterrichtsfach herbei, die sich jeden Tag selbstständig mit den aufgegebenen Aufgaben füllen würden.

Weiters würde ich meine Merkfähigkeit in der Weise steigern, dass ich einmal Gehörtes nie wieder vergäße. Stundenwiederholungen und Lernzielkontrollen wären für mich dann ein Kinderspiel und bei Schularbeiten und Tests hätte ich keine Schwierigkeiten.

Stellte man mir dennoch Fragen, die ich nicht beantworten könnte, so würde ich eine geistige Verbindung zum Gehirn des Lehrers herstellen. Mit meinen übersinnlichen Fähigkeiten nähme ich Einblick, und die Lösung wäre so für mich leicht nachvollziehbar.

Da ich aber leider keine Zauberkräfte wie diese drei Hexen aus der Vorabendserie besitze, muss ich weiter „büffeln" und Zeit und Fleiß für mein Wissen einsetzen.

Aber etwas könnte ich doch machen:

Ich könnte meine Merkfähigkeit durch Konzentrationsübungen fördern und meine schulische Organisation erweitern (Hausübungen nicht vergessen, nicht erst in letzter Minute mit dem Lernen beginnen ...) und mir so den Schulalltag zumindest erleichtern.

Schreibe über die Verben im Konjunktiv II aus Übung 22 jeweils die Verben im Konjunktiv I darüber!

23

Die Verhaltensrichtung: Aktiv – Passiv

Das **gleiche Geschehen** kann **auf verschiedene Weise dargestellt** werden:
1. Aktiv: Der **„Verursacher"** wird hervorgehoben.
    Beispiel: **Ich** lösche die Tafel.

2. Passiv: Der, die oder das **„Betroffene"** wird hervorgehoben.
    Es gibt zwei Arten des Passivs:
    Vorgangspassiv („werden"-Passiv) ⟶ **Die Tafel** <u>wird</u> gelöscht.
    Zustandspassiv („sein"-Passiv) ⟶ **Die Tafel** <u>ist</u> gelöscht.

    Du bildest das Vorgangspassiv (VP) mit einer Form von <u>„werden"</u> + 2. Partizip.
    Du bildest das Zustandspassiv (ZP) mit einer Form von <u>„sein"</u> + 2. Partizip.

 Alle Zeitformen können im Passiv ausgedrückt werden.

Vorgangspassiv

Zeit	Form	Beispiel
Präsens	Personalform von **werden + 2. Partizip**	Die Tafel **wird gelöscht**.
Präteritum	Personalform von **wurden + 2. Partizip**	Die Tafel **wurde gelöscht**.
Perfekt	Personalform von **sein + 2. Partizip + worden**	Die Tafel **ist gelöscht worden**.
Plusquamperfekt	Personalform von **waren + 2. Partizip + worden**	Die Tafel **war gelöscht worden**.
Futur I	Personalform von **werden + 2. Partizip + werden**	Die Tafel **wird gelöscht werden**.
Futur II	Personalform von **werden + 2. Partizip + worden + sein**	Die Tafel **wird gelöscht worden sein**.

Zustandspassiv

Zeit	Form	Beispiel
Präsens	Personalform von **sein + 2. Partizip**	Die Tafel **ist gelöscht**.
Präteritum	Personalform von **waren + 2. Partizip**	Die Tafel **war gelöscht**.
Perfekt	Personalform von **sein + 2. Partizip + gewesen**	Die Tafel **ist gelöscht gewesen**.
Plusquamperfekt	Personalform von **waren + 2. Partizip + gewesen**	Die Tafel **war gelöscht gewesen**.
Futur I	Personalform von **werden + 2. Partizip + sein**	Die Tafel **wird gelöscht sein**.
Futur II	Personalform von **werden + 2. Partizip + gewesen + sein**	Die Tafel **wird gelöscht gewesen sein**.

Ü 24

Setze den Satz „Der Lehrer bringt das Klassenbuch." in allen Zeitformen ins Vorgangspassiv und den Satz „Der Lehrer sperrt die Bibliothek auf." in allen Zeitformen ins Zustandspassiv! Der „Verursacher" kann im Passiv weggelassen werden.

Vorgangspassiv:

Präsens: Das Klassenbuch _____

Präteritum: _____

Perfekt: _____

Plusquamperfekt: _____

Futur I: _____

Futur II: _____

Zustandspassiv:

Präsens: Die Bibliothek _____

Präteritum: _____

Perfekt: _____

Plusquamperfekt: _____

Futur I: _____

Futur II: _____

Ü 25

Unterstreiche jeweils das Verb in der Personalform!
Schreibe in die Tabelle, welche Aufgaben es im Satz erfüllt!

	Zeitform	A/P	Modus
1. Georg möchte Mechaniker werden.	Präsens	Aktiv	Indikativ
2. Sophie arbeitete in den Ferien als Kellnerin.			
3. In den nächsten Ferien werde ich wieder bei der Post arbeiten.			
4. Daniel war im Betrieb seines Vaters als Ferialpraktikant angestellt gewesen.			
5. Wenn er doch verlässlicher wäre!			
6. Andreas wird in den nächsten Ferien wieder in dieser Firma angestellt werden.			

Ü 26

Bilde zu den Sätzen, die im Aktiv stehen, Sätze im Vorgangs- bzw. Zustandspassiv!
Den „Verursacher" kannst du im Passiv jeweils weglassen. Schreibe in dein Übungsheft!

1. Ich rief sofort den Kundendienst an. VP
2. Die Handballmannschaft unserer Schule hat noch niemals jemand besiegt. ZP
3. Die Fernsehköchin garniert den Fisch mit Petersilie. VP
4. Der Bundespräsident begrüßt die Maturanten unserer Schule im Parlament. VP
5. Der Tapezierer bestrich die Tapete mit Kleister. VP
6. Ich habe den Holzboden mit einer besonderen Paste aus Bienenwachs poliert. VP
7. Sie hat die Marmelade in Gläser abgefüllt. ZP
8. Die Feuerwehr löschte den Brand in wenigen Minuten. ZP

Die Zeitformen

Es gibt **drei Zeitstufen**: Gegenwärtiges, Vergangenes und Zukünftiges.
Diese Zeitstufen werden durch Zeitformen ausgedrückt.

Das Verb kann in der deutschen Sprache **sechs Zeitformen** bilden:
Präsens, Präteritum, Perfekt, Plusquamperfekt, Futur I, Futur II

1. **Präsens** (Gegenwart)
    Du bildest es mit der 1. Stammform und der Personalendung.
    Beispiele: ich schreib**e**, du schreib**st** ...

    Du verwendest das **Präsens**, wenn du von **gegenwärtigem Geschehen** berichtest.

2. **Präteritum** (Mitvergangenheit)
    Du bildest es mit der 2. Stammform.
    Beispiele: ich schr**ieb**, du schr**ieb**st ..., ich z**eichnete**, du z**eichnete**st ...

    Du verwendest das **Präteritum**, um schriftlich über **vergangenes Geschehen**, das
    schon abgeschlossen ist, zu erzählen. Du schreibst Nacherzählung, Bildgeschichte und
    Erlebniserzählung im Präteritum.

3. **Perfekt** (Vergangenheit)
    Du bildest es mit den <u>Hilfsverben</u> „haben" oder „sein" (in Personalform) und mit einem
    Vollverb im 2. Partizip (3. Stammform).
    Beispiele: ich <u>habe</u> **geschrieben**, du <u>hast</u> **geschrieben** ...
             ich <u>bin</u> **gekommen**, du <u>bist</u> **gekommen** ...

    Du verwendest das **Perfekt**, um mündlich von einer vergangenen Begebenheit zu erzählen.
    Du gebrauchst es auch, wenn du **vom Präsens zurückblickend** erzählst.
    Beispiel: Ich **komme**, wenn ich **gefrühstückt habe**.

4. **Plusquamperfekt** (Vorvergangenheit)
    Du bildest es mit den <u>Hilfsverben</u> „haben" oder „sein" (in Präteritumform = hatte/war)
    und mit einem **Vollverb im 2. Partizip** (3. Stammform).
    Beispiele: ich <u>hatte</u> **geschrieben**, du <u>hattest</u> **geschrieben** ...
             ich <u>war</u> **gekommen**, du <u>warst</u> **gekommen** ...

    Liegt ein Ereignis vom **Präteritum** aus gesehen noch **weiter zurück**, verwendest du
    das **Plusquamperfekt**.
    Beispiel: Ich **vergaß**, dass ich mein Schwimmzeug **verloren hatte**.

5. **Futur I** (Zukunft)
    Du bildest es mit dem <u>Hilfsverb</u> „werden" und dem **Infinitiv eines Vollverbs**.
    Das **Futur I** verwendest du, um etwas **Zukünftiges**, das noch nicht stattgefunden hat, aus-
    zudrücken. Du kannst mit dem Futur auch **Vermutungen, Absichten** und **Befehle** ausdrücken.
    Beispiel: ich <u>werde</u> **schreiben**, du <u>wirst</u> **schreiben** ...

6. **Futur II** (Vorzukunft)
    Du bildest es mit dem <u>Hilfsverb</u> „werden", dem **2. Partizip** (3. Stammform) eines **Vollverbs**
    und dem **Infinitiv der Hilfsverben** „haben" oder „sein".
    Das **Futur II** verwendest du, um ein in der Zukunft bereits **abgeschlossenes Geschehen**
    oder eine **Vermutung** auszudrücken.
    Beispiele: Ich <u>werde</u> noch dieses Jahr die 4. Klasse **abgeschlossen haben**.
             Ich <u>werde</u> etwas **gekauft haben**. Du <u>wirst</u> **erholt sein**.

Fülle die beiden Raster vollständig aus!

(Infinitiv)	1. P. Sg.	2. P. Sg.	3. P. Sg. (er)	1. P. Pl.	2. P. Pl.	3. P. Pl.
Präsens	ich singe					
Präteritum						
Perfekt						
Plusquamp.						
Futur I						
Futur II						

(Infinitiv)	1. P. Sg.	2. P. Sg.	3. P. Sg. (er)	1. P. Pl.	2. P. Pl.	3. P. Pl.
Präsens	ich wandere					
Präteritum						
Perfekt						
Plusquamp.						
Futur I						
Futur II						

Bestimme die Zeitform und schreibe sie in Klammer neben den Satz!
Unterstreiche vorher die Verbformen, die das Prädikat bilden!

1. Ich <u>werde</u> morgen in Biologie ein Referat über Wale <u>halten</u>. (Futur I)
2. Gestern hat noch die Sonne auf uns herabgebrannt, heute regnet es in Strömen.
3. Ulrike ist ihr vorgestern im Park begegnet.
4. Meine Oma hört sich gerne alte Schlager im Radio an.
5. Klaus genoss die freien Tage zu Ostern.
6. Bald werden wir wieder zusammen sein können.
7. Gertrud hatte ihren Schirm bei uns vergessen.
8. Unter dem Baum liegt ein schlafender Mann.
9. Felix musste noch längere Zeit warten.
10. Hannes wird mit dem Rad gekommen sein.

Zeitstufen – Zeitformen

1. **Präsens** ist eigentlich eine „universale Zeitform".
   Du kannst sie verwenden, um **Gegenwärtiges** auszudrücken, aber auch um von
   Vergangenem, Zukünftigem und allgemein Gültigem zu schreiben.
   Beispiele: Ich **sitze** zur Zeit am Computer. ⟶ Gegenwärtiges
   　　　　　1914 **beginnt** der Erste Weltkrieg. ⟶ Vergangenes
   　　　　　Nächste Woche gehe ich auf Urlaub. ⟶ Zukünftiges
   　　　　　Gold ist ein Edelmetall. ⟶ allgemein Gültiges

2. **Perfekt** verwendest du für **Vergangenes**, das **mündlich erzählt** wird.
    Du kombinierst die Zeitformen Präsens – Perfekt.
    Beispiel: Ich **begleite** dich, sobald ich diese Arbeit **erledigt habe**.

3. **Präteritum** verwendest du für das **schriftliche Erzählen**.
    Wenn du z. B. eine Nacherzählung oder eine Erlebniserzählung schreiben willst,
    musst du sie in der Mitvergangenheit verfassen.
    Du kombinierst diese Zeitform mit dem Plusquamperfekt.

4. **Plusquamperfekt** verwendest du für Vergangenes, das vor einer bereits
    vergangenen Handlung passiert ist.
    Beispiel: Ich **kam** zu ihm, nachdem ich meine Hausübungen **erledigt hatte**.
            ⟶ **Präteritum – Plusquamperfekt**

5. **Futur I** verwendest du nicht nur, um **Zukünftiges** auszudrücken, sondern auch bei
    Vermutungen, Absichten und **Befehlen**.
    Beispiele: Morgen **wird** es **regnen**. ⟶ Vermutung
            Ich **werde** sofort **vorbeikommen**. ⟶ Absicht
            Sie **werden** sofort das Haus **verlassen**! ⟶ Befehl

6. **Futur II** verwendest du, um **Vergangenes**, das **vermutlich** passiert ist, auszudrücken, und
    für in der Zukunft bereits **abgeschlossenes Vergangenes**.
    Beispiele: Ich **werde** meinen Haustorschlüssel sicherlich wieder **verloren haben**.
            ⟶ Vergangenes, das vermutlich passiert sein wird
            Nächstes Jahr um diese Zeit **werde** ich mich schon zur Aufnahmeprüfung
    angemeldet haben. ⟶ abgeschlossenes Vergangenes, das passiert sein wird

**Gib jeweils die Zeitform (Präsens, Präteritum ...) und die
Zeitstufe (Gegenwärtiges, Vergangenes, Zukünftiges) an!**

29

1. Ich gehe gerade bei deinem Haus vorbei.
    _____

2. 1939 bricht der Zweite Weltkrieg aus.
    _____

3. Damals hat es noch kein elektrisches Licht gegeben.
    _____

4. Wien liegt an der Donau.
    _____

5. Seit 1995 fährt meine Großmutter dorthin auf Sommerfrische.
    _____

6. Wir werden nach Mitternacht ankommen.
    _____

7. Sie wird das Wechselgeld wieder vergessen haben.
    _____

8. In 15 Minuten ist er sicherlich wieder da.
    _____

9. Von 1970 bis 1982 besucht meine Mutter die Schule und anschließend studiert sie sechs
    Jahre an der Universität.
    _____

Die **sechs Zeitformen** werden in **drei Zeitstufen** ausgedrückt.
Mit manchen Zeitformen kannst du mehr als eine Zeitstufe ausdrücken.

Präge dir diese Übersicht **„Zeitstufen – Zeitformen"** ein!

Zeitformen	Zeitstufen
Präsens (Gegenwart)	**Gegenwärtiges** **Vergangenes** **Zukünftiges**
Präteritum (Mitvergangenheit)	**Vergangenes** – für das **schriftliche** Erzählen
Perfekt (Vergangenheit)	**Vergangenes** – für das **mündliche** Erzählen
Plusquamperfekt (Vorvergangenheit)	**Vergangenes**, das **vor einer bereits vergangenen Handlung passiert ist**
Futur I (Zukunft)	**Zukünftiges** – Vermutung, Absicht, Befehl
Futur II (Vorzukunft)	**Vergangenes, das vermutlich passiert ist** **In der Zukunft** (abgeschlossenes) **Vergangenes**

 Dieses **Zusammenspiel der Zeitformen** zu beherrschen, ist ganz besonders beim Schreiben eines Aufsatzes wichtig. Du musst dir merken, **welche Zeitformen du kombinieren kannst.**

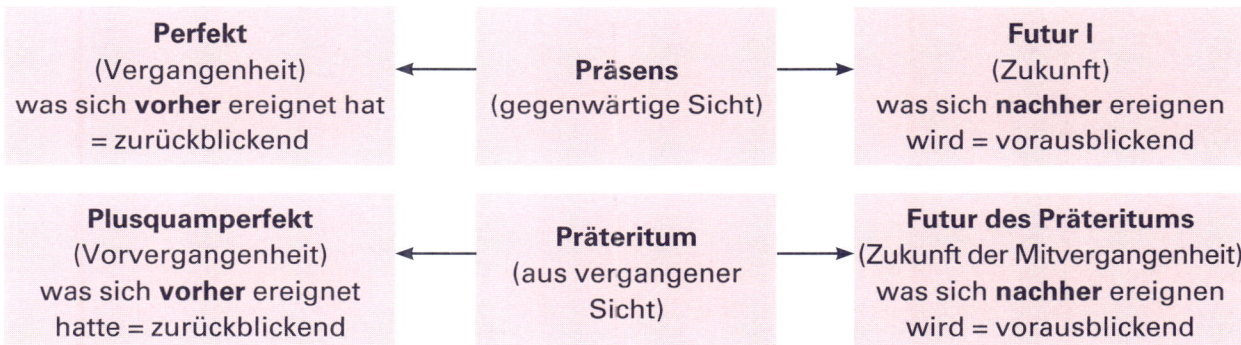

Schreibst oder erzählst du **im Präsens** und berichtest von einem **Geschehen, das sich schon vorher ereignet hat**, dann verwendest du das **Perfekt**.
Für ein **Geschehen, das sich erst ereignen wird**, verwendest du dann das **Futur I**.

Beispiele:
Präsens – Perfekt: Ich begleite dich, sobald ich diese Arbeit erledigt habe.
Präsens – Futur I: Ich erledige meine Arbeit, dann werde ich dich begleiten.

Schreibst oder erzählst du **im Präteritum** und berichtest von einem **Geschehen, das sich schon vorher ereignet hat**, dann verwendest du das **Plusquamperfekt**. Für ein **Geschehen, das sich erst ereignen wird**, verwendest du dann das **Futur des Präteritums**.
Das Futur des Präteritums (wird mit **würde/sollte** gebildet) verwendet man höchst selten.
Der Vollständigkeit wegen wird diese Zeitform hier angeführt.

Beispiele:
Präteritum – Plusquamperfekt: Ich begleitete dich, nachdem ich die Arbeit erledigt hatte.
Präteritum – Futur des Präteritums: Zuerst erledigte ich meine Arbeit, anschließend würde ich dich begleiten.

Vor-, Nach- und Gleichzeitigkeit

Geschieht die Handlung des Gliedsatzes zu einem früheren Zeitpunkt als die des Hauptsatzes, spricht man von **Vorzeitigkeit**.
Wenn der Hauptsatz im **Präsens** steht, wird im Falle der Vorzeitigkeit im Gliedsatz das **Perfekt** verwendet.
Wenn der Hauptsatz im **Präteritum** steht, wird im Falle der Vorzeitigkeit im Gliedsatz das **Plusquamperfekt** verwendet.

Beispiele:
Präsens – Perfekt: Ich begleite dich, sobald ich die Arbeit erledigt habe.
Präteritum – Plusquamperfekt: Ich begleitete dich, nachdem ich die Arbeit erledigt hatte.

Geschieht die Handlung des Gliedsatzes nach der Handlung im Hauptsatz, spricht man von **Nachzeitigkeit**.
Wenn der Hauptsatz im **Präsens** steht, wird im Falle der Nachzeitigkeit im Gliedsatz das **Futur I** verwendet.
Wenn der Hauptsatz im **Präteritum** steht, wird im Falle der Nachzeitigkeit im Gliedsatz das **Futur des Präteritums** verwendet.

Beispiele:
Präsens – Futur I: Ich erledige zuerst meine Arbeit, bevor ich dich begleiten werde.
Präteritum – Futur des Präteritums: Zuerst erledigte ich meine Arbeit, bevor ich dich begleiten würde.

Geschehen die Handlungen im Hauptsatz und Gliedsatz gleichzeitig, spricht man von **Gleichzeitigkeit**. Sowohl im Hauptsatz als auch im Gliedsatz wird dieselbe Zeitform verwendet.

Beispiel: Während er mich begleitete, erzählte er mir von einem Erlebnis.

Setze die passende Zeitform in den Gliedsatz ein und bestimme das Zeitverhältnis!
(V = Vorzeitigkeit, N = Nachzeitigkeit, G = Gleichzeitigkeit)

30

1. Nachdem unsere Lehrerin die Arbeitsblätter _____ (austeilen), erläuterte sie uns nochmals die Fragen. (_____)
2. Als sie gerade den Telefonhörer _____ (auflegen), läutet schon wieder das Telefon. (_____)
3. Sooft ich meine Oma _____ (besuchen), erzählt sie mir von ihrer Schulzeit. (_____)
4. Wir fahren erst los, nachdem wir uns _____ (angurten). (_____)
5. Wir räumen das Zimmer erst dann zusammen, wenn die Kinder _____ (gehen). (_____)
6. Nachdem die Sonne _____ (aufgehen), brachen die Wanderer auf. (_____)
7. Sowie ich am Flughafen in Schwechat _____ (landen), rufe ich dich an. (_____)
8. Während wir auf den nächsten Zug _____ (warten), unterhielt sich mein Freund mit anderen Reisenden. (_____)
9. Er schlief ein, sobald er das Schlafmittel _____ (einnehmen). (_____)
10. Ehe dieser Test _____ (abgeben), überprüfe ich ihn nochmals. (_____)

Schlusstest zum Verb

Ü 31

Vervollständige die Tabelle!

1. Stammform Infinitiv	2. Stammform Präteritum	3. Stammform 2. Partizip	Beugung stark, schwach, gemischt
		gegangen	
sein			
		gehabt	
	gab		
heben			
		gemocht	
preisen			
		geschafft	
aufschneiden			
		gewusst	
	wurde		
abwiegen			
		gewollt	

Ü 32

Vervollständige die folgenden Merksätze!

Es gibt ▮▮▮▮▮ Zeitstufen:
▮▮▮▮▮▮▮▮▮▮ (= was gerade ist)
▮▮▮▮▮▮▮▮▮▮ (= was vorüber ist)
▮▮▮▮▮▮▮▮▮▮ (= was sein wird)

Die ▮▮▮▮▮ Zeitformen heißen:
▮▮▮▮▮▮▮   ▮▮▮▮▮▮▮   ▮▮▮▮▮▮▮
▮▮▮▮▮▮▮

Die Zeitstufen werden durch ▮▮▮▮▮▮▮▮▮▮▮ ausgedrückt.
Du kombinierst die Zeitform Präsens mit ▮▮▮▮▮▮▮ und die Zeitform Präteritum
mit ▮▮▮▮▮▮▮ .

Ü 33

Ordne die Verbformen in die richtigen Spalten ein!

er biegt, sie zünde an, wir kämmen, er kam, du mögest, sie bliebe stehen, er lese nach,
ich kroch, es quillt, sie priese, er müsse, man nehme, er nähme an, sie nimmt, wir nahmen,
ihr ludet ein, ich stehe auf, es wäre, er stand, er trete ein, sie gäben auf, ich trete an,
du trittst ein, sie traten weg, wir kämmten, es läge, sie kämen, es komme

Präsens	
Präteritum	
Konjunktiv I	
Konjunktiv II	

Ü 34

**Unterstreiche in der folgenden Fabel „Die Sonne und die Tiere" alle Verben!
Schreibe die Verben (die im Indikativ, nicht im Konjunktiv stehen) anschließend in die Tabelle
und vervollständige sie!**

„Die Sonne scheint viel zu heiß!", klagte der Esel, der eine schwere Last trug.
„Wenn doch endlich Wolken kämen und sie verdeckten!"
„Oh, das tut gut!", zischelte die Schlange, räkelte sich vor Wohlbehagen und genoss ihr
Sonnenbad auf einem Stein. „Ich wollte, die Sonne schiene immerzu!"
„Wenn sie doch endlich untergehen würde", murrte die Eule. „Ihr Licht ist viel zu grell.
Wie angenehm wäre mein Leben ohne Sonne!"
Eine Maus huschte im Feld umher. „Was für ein Glück, dass die Sonne scheint", wisperte
sie. „Da reifen die Ähren, damit ich viele, viele Körner ernten kann. Gäbe es doch jeden Tag
Sonnenschein!"
Sind wir Menschen nicht diesen Tieren ähnlich? Was der eine wünscht, ist dem anderen
nicht recht, jeder möchte sich alles auf der Welt so richten, wie es zu seinem Vorteil ist.
Johann Gottlieb Willamow

(Aus: Käthe Recheis: Fabeln aus aller Welt. Wien 2004. S 8f.)

Verb im Text	Verbart	Person/Zahl	Zeit	Aussageweise	Beugung
(sie) scheint	Vollverb	3. Pers. Sg.	Präsens	Indikativ	stark

Unterstreiche die Hilfsverben und Modalverben und markiere die Vollverben, bestimme weiters Person, Zahl (Sg./Pl.), Zeitform (nur bei Indikativ), Modus (Indikativ, Konjunktiv, Imperativ) und Verhaltensrichtung (Aktiv/Vorgangspassiv/Zustandspassiv)!

1. Ich <u>bin</u> **getäuscht** <u>worden</u>.   1. P., Sg., Perfekt, Indikativ, VP
2. Der Klassenordner hat das Klassenbuch mitgebracht.   _____
3. Bleib nicht zu lange fort!   _____
4. Du wirst bald aufgerufen werden.   _____
5. Leo bliebe gerne länger da.   _____
6. Dieser Stiegenaufgang ist gesperrt.   _____
7. Jakob war auf Julia beleidigt gewesen.   _____
8. Die Kühe waren bereits gemolken.   _____
9. Die Schulglocke müsste schon geläutet haben.   _____
10. Der Patient wird heute massiert.   _____
11. Der kranke Schüler wurde von der Schulärztin vom
    Unterricht befreit.   _____
12. Wir können zum Klassentreffen leider nicht kommen.   _____
13. Ruf mich gegen 22 Uhr an!   _____

Unterstreiche alle Abstufungen der Aussagen im folgenden Brief und schreibe darüber, wodurch (Konjunktiv II, Modalverb, modifizierendes Verb, Situativ) diese erreicht wurden!

Liebe Doris!

Seit fast einer Woche sind wir hier in Italien und machen Urlaub. Jeden Tag können wir im

Meer baden oder dürfen natürlich im Swimmingpool plantschen. Hier gibt es viel „Action",

und man braucht sich nicht zu fadisieren. Mein Bruder „muss" andauernd Beachvolleyball

spielen, aber ich will nur mit meinen Freundinnen am Strand liegen und tratschen.

Ach, wärest du doch auch hier! Ich denke, es würde dir gewiss gefallen.

Die Sonne brennt besonders um die Mittagszeit ziemlich heiß vom Himmel.

In unserer „Siesta" pflegen wir zu ruhen oder Karten zu spielen.

Es vergeht kaum ein Tag, an dem wir vor Mitternacht schlafen gehen. Am Abend spazieren wir

meistens durch die Altstadt. Ich wünsche mir, einmal in die Disco zu gehen, eventuell könnten

wir am nächsten Wochenende hingehen. Aber meine Eltern möchten am liebsten am Strand

liegen und am Abend gemütlich im Garten sitzen. Ihnen scheint der Urlaub auch zu gefallen.

Hoffentlich verbringst auch du schöne Ferien! Ich freue mich schon auf ein Wiedersehen.

Sobald wir wieder zu Hause sind, rufe ich dich bestimmt an.

Ich muss dir dann unbedingt von Cesare erzählen!

Liebe Grüße von Betty

Eine Übung für Fortgeschrittene:
Unterstreiche in der Fabel „Wie soll die Katze heißen?" alle Verben in den direkten Reden!
Setze anschließend alle direkten Reden in indirekte Reden! Achte dabei auf die Umwandlung
des Verbs in den Konjunktiv und auf die mögliche Veränderung des Pronomens!

Wie soll die Katze heißen?
Ein Mann hatte eine Katze, eine wahre Katzenschönheit mit seidenglattem Haar. Und wie kräftig
und zugleich geschmeidig ihr Körper war! Alle seine Freunde beneideten ihn um das pracht-
volle Tier. Eines konnten sie aber nicht verstehen: Der Mann nannte seine Katze nur „Katze".
„Das ist kein Name für dieses wunderbare Geschöpf", sagten sie eines Tages zu ihm. „Diese
Katze ist etwas Besonderes und muss daher auch einen besonderen Namen haben."
„Nennen wir sie Tiger!", schlug einer der Freunde vor. „Kein anderes Tier ist dem Tiger an
Stärke gleich."
„Du irrst dich", sagte ein zweiter Freund. „Drachen sind mächtiger als Tiger und noch dazu
herrlich anzusehen mit ihren glitzernden Schuppen. Ich würde diese Katze Drache nennen."
„Drachen fliegen hoch in den Himmel hinauf", sagte der dritte Freund, „aber noch höher oben
segeln die Wolken dahin. Wenn ihr mich fragt, so wäre Wolke der richtige Name."
„Der Wind ist den Wolken an Kraft überlegen", sagte der vierte Freund. „Er jagt sie vor sich
her, verbläst sie und fegt den Himmel rein. Also soll die Katze Sturmwind heißen."
„Hält nicht eine Mauer dem ärgsten Sturm stand?", fragte ein anderer. „Wenn er noch so
dagegen anrennt, er kann sie nicht umwerfen. Wir wollen die Katze daher Mauer nennen."
„Wieder falsch!", erklärte der nächste Freund. „Habt ihr die Mäuse vergessen? Unermüdlich
graben sie Gänge in der Erde, bis die Mauer in sich zusammenfällt. Mäuse sind stärker als eine
Mauer."
Der Besitzer der prächtigen Katze fing zu lachen an. „Und wer jagt Mäuse?", rief er. „Versteht
ihr nun, warum ich sie Katze nenne? Kein anderer Name passt so gut zu ihr wie der eigene."
China

(Nach: Käthe Recheis: Fabeln aus aller Welt. Wien 2004. S 30f.)

_____
_____
_____
_____
_____
_____
_____
_____
_____
_____
_____
_____
_____
_____
_____

Kompetenz-Check

Das kann ich jetzt!

Kreuze an, was zutrifft! Falls du dich bei dem einen oder anderen Punkt noch nicht sicher fühlst, blättere nochmals zurück und wiederhole diesen Abschnitt!

	Ich kann ...	Falls ich noch unsicher bin, kann ich hier nachschlagen:
☐	... die Bezeichnungen für die Wortarten nennen und die Wortarten erkennen.	S. 6, 7
☐	... finite und infinite Verbformen erkennen.	S. 8
☐	... Verben nach ihrer Beugung in starke, schwache und gemischte Verben ordnen.	S. 9, 28
☐	... Verben in die drei Stammformen setzen.	S. 10, 27
☐	... Verben in Person und Zahl ins Präsens und Präteritum setzen.	S. 11
☐	... finite und infinite Verbformen unterscheiden und bestimmen.	S. 12, 28
☐	... Verben nach ihrer Art (Vollverb, Hilfsverb, Modalverb, modifizierendes Verb) unterscheiden.	S. 13, 28
☐	... die Aussageweise von Verben unterscheiden und Konjunktiv II, Modalverben, modifizierende Verben und Situative für die Abstufung (Modifizierung) der Aussage richtig einsetzen.	S. 14, 15, 16, 29
☐	... die indirekte Rede bilden und direkte in indirekte Rede umwandeln.	S. 17, 18, 30
☐	... Konjunktiv I und Konjunktiv II bilden.	S. 14, 19
☐	... die Verhaltensrichtungen Aktiv und Passiv unterscheiden und das Vorgangspassiv und das Zustandspassiv bilden.	S. 20, 21
☐	... alle Zeitformen nennen und von den Zeitstufen unterscheiden.	S. 22, 23, 24, 27
☐	... das Zusammenspiel der Zeitformen beachten sowie umsetzen und Vor-, Nach- und Gleichzeitigkeit bestimmen.	S. 25, 26

Nomen

Nomen (auch **Namenwort** oder **Hauptwort** genannt) benennen **Abstrakta** (Wörter für Begriffe wie Glück, Schuljahr) und **Konkreta** (Gegenstandswörter wie Buch, Rad).
Ihr **Geschlecht** (männlich, weiblich, sächlich) erkennst du an Artikel und Endung.
Nomen kommen in **Einzahl** (Singular) und **Mehrzahl** (Plural) vor.
Nomen treten in **vier Fällen** (Kasus) auf und können **dekliniert** werden.
Sie können **starke, schwache oder gemischte Beugung** haben.
Nomen können aus anderen Wortarten und aus Nomen **gebildet werden**.

Geschlecht, Zahl, Fall, Beugung

Das **Geschlecht** (Genus) wird mit dem Artikel angezeigt:
Maskulinum (männlich), Femininum (weiblich) und Neutrum (sächlich)
Beispiele: der Hund (männlich)
            die Katze (weiblich)
            das Schwein (sächlich)

Bei **zusammengesetzten Nomen** (Bestimmungswort + Grundwort) ist das Grundwort für das Geschlecht ausschlaggebend.
Beispiel:

Bestimmungswort	+	Grundwort	=	zusammengesetztes Nomen
die Übung	+	**das** Buch	=	**das** Übungsbuch

Die **Zahl** (Numerus) gibt an, ob das Nomen in der **Einzahl** (Singular) oder in der **Mehrzahl** (Plural) steht. Du erkennst dies am Artikel und an der Endung.
Beispiele: **der** Hund – **die** Hunde, **die** Katze – **die** Katzen, **das** Schwein – **die** Schweine

Manche Nomen sind nur Einzahlwörter, manche nur Mehrzahlwörter.
Einzahlwörter: Hefe, Rahm, Zucker
Mehrzahlwörter: Semesterferien, Eltern

Der **Fall** (Kasus) des Nomens ist meist nur am Begleiter (Artikel) und an der Endung erkennbar. Es gibt im Deutschen vier Fälle.

Fall (Kasus)	Frage	Singular (Einzahl)	Plural (Mehrzahl)
1. Fall (Nominativ)	Wer oder was?	**der** Bildschirm	**die** Bildschirme
2. Fall (Genitiv)	Wessen?	**des** Bildschirms	**der** Bildschirme
3. Fall (Dativ)	Wem?	**dem** Bildschirm	**den** Bildschirmen
4. Fall (Akkusativ)	Wen oder was?	**den** Bildschirm	**die** Bildschirme
1. Fall (Nominativ)	Wer oder was?	**die** Taste	**die** Tasten
2. Fall (Genitiv)	Wessen?	**der** Taste	**der** Tasten
3. Fall (Dativ)	Wem?	**der** Taste	**den** Tasten
4. Fall (Akkusativ)	Wen oder was?	**die** Taste	**die** Tasten
1. Fall (Nominativ)	Wer oder was?	**das** Glas	**die** Gläser
2. Fall (Genitiv)	Wessen?	**des** Glases	**der** Gläser
3. Fall (Dativ)	Wem?	**dem** Glas	**den** Gläsern
4. Fall (Akkusativ)	Wen oder was?	**das** Glas	**die** Gläser

Ü 38

Dekliniere folgende Nomen:
„der Zitronenfalter", „die Kreuzspinne", „das Murmeltier"!

Fall (Kasus)	Frage	Singular (Einzahl)	Plural (Mehrzahl)
1. Fall (Nominativ)			
2. Fall (Genitiv)			
3. Fall (Dativ)			
4. Fall (Akkusativ)			
1. Fall (Nominativ)			
2. Fall (Genitiv)			
3. Fall (Dativ)			
4. Fall (Akkusativ)			
1. Fall (Nominativ)			
2. Fall (Genitiv)			
3. Fall (Dativ)			
4. Fall (Akkusativ)			

Es gibt **starke, schwache** und **gemischte Deklination** (Beugung), je nach Art der Formveränderung in den Fällen.
Du erkennst **starke** und **schwache Beugung** an der **Endung des 2. Falles**.

Starke Beugung: Endung im (2. Fall) Genitiv Sg. **-s/-es** und im
Genitiv Pl. **-e/-er**

1. Fall Singular	2. Fall Sg./Endung	2. Fall Pl./Endung
der Hund (männlich)	des Hundes/**-es**	der Hunde/**-e**
der Mann (männlich)	des Mannes/**-es**	der Männer/**-er**
der Pinsel (männlich)	des Pinsels/**-s**	der Pinsel/**–**
das Schwein (sächlich)	des Schweines/**-es**	der Schweine/**-e**
die Maus (weiblich)	der Maus/**–**	der M**äu**se/**Umlaut**

Schwache Beugung: Endung im Genitiv Sg. **–/-en** und im
Genitiv Pl. **-en**

1. Fall Singular	2. Fall Sg./Endung	2. Fall Pl./Endung
die Katze (weiblich)	der Katze/**–**	der Katzen/**-en**
der Prinz (männlich)	des Prinzen/**-en**	der Prinzen/**-en**

Eine **gemischte Beugung** erkennst du daran, dass im **Singular eine starke** und im **Plural eine schwache Beugung** vorliegt.
Beispiel: des Aug**es** / der Aug**en**

  ↓   ↓
stark   schwach

Bei **femininen** Nomen gibt es **keine gemischte Beugung**.
Bei **Nomen im Neutrum** gibt es **keine schwache Beugung**.

Ü 39

Ordne die Nomen aus Übung 38 und folgende Nomen richtig zu!

Tisch – Bett – Decke – Ofen – Badewanne – Schmerz – Teppich – Name –
Tapete – Fenster – Stachel – Ohr – Steckdose – Dorf – Stadt – Land – Held – Bad –
Tür – Schlüssel – Hase – Kassette – Film – Herz

starke Beugung: _____

                           _____

schwache Beugung: _____

                           _____

gemischte Beugung: _____

Der Kasus eines Nomens wird durch seine Funktion im Satz festgelegt
(z. B. Subjekt = 1. Fall, Objekt = 3. Fall, 4. Fall, selten im 2. Fall).

Fall	Fragewort	Beispiel
1. Fall (Nominativ)	Wer oder was?	**Das Meerschweinchen** läuft im Käfig. **Wer oder was** läuft im Käfig?
2. Fall (Genitiv)	Wessen?	Sie wird **des Mordes** verdächtigt. **Wessen** wird sie verdächtigt?
3. Fall (Dativ)	Wem?	Sie schenkt **meinem Bruder** ein Eis. **Wem** schenkt sie ein Eis?
4. Fall (Akkusativ)	Wen oder was?	Sie füttert **das Meerschwein**. **Wen oder was** füttert sie?

Ü 40

**Gib an, in welchem Fall die unterstrichenen Nomen (+ Begleiter) stehen!
Schreibe das Fragewort darüber!**

1. Tanja kauft sich einen großen Eisbecher.

2. Ewald möchte unbedingt ein Tor schießen.

3. Im Hof spielen alle Kinder immer nur Fußball.

4. Gestern machten wir ein riesiges Lagerfeuer.

5. Gib doch den Kindern auch ein Stück Kuchen!

6. Birgit vertraut ihrem Freund völlig.

7. In der Zeitung steht, dass unser Nachbar des Diebstahls verdächtigt wird.

8. Hat deine Schwester meinen Bruder gestern angerufen?

9. Zum Hochzeitstag schenkte Robert seiner Frau rote Rosen.

10. Einen herrlichen Marillenkuchen backte Vater für uns.

Wichtig ist die Unterscheidung zwischen Dativ (3. Fall) und Akkusativ (4. Fall).
Als Hilfe kannst du die **Ersatzwörter** nehmen: **mir** ⟶ **3. Fall** (Wem?)

                                              mich ⟶ **4. Fall** (Wen oder was?)

Bildung von Nomen

Viele Nomen werden aus anderen Wortarten **(aus Verben und Adjektiven)**, aber auch aus **anderen Nomen gebildet**.

Es wird eine **Endung** hinzugefügt:
-heit, -keit, -igkeit, -ung, -nis, -tum, -ling, -ur, -schaft ...

Beispiele: zeichnen (Verb): die Zeichn**ung**
fest (Adjektiv): die Fest**ung**
Daumen (Nomen): der Däum**ling**

Steht ein **Artikel** vor einem Verb (Infinitiv) oder einem Adjektiv, wird dieses zu einem Nomen.

Beispiele: rechnen, lesen (Verben): **das R**echnen, **das L**esen
glücklich, kalt (Adjektive): **der/die G**lückliche, **das K**alte

Steht **kein Artikel** vor dem Verb (Infinitiv) oder Adjektiv, **könnte aber einer eingefügt werden**, schreibst du es auch groß.

Beispiele: **R**echnen und **L**esen sind sehr wichtig. (**Das R**echnen und **das L**esen ...)
Glückliche leben leichter. (**Die G**lücklichen ...)

Wenn ein **unbestimmtes Zahlwort (einiges, alles, etwas, nichts, viel, wenig)** vor einem Adjektiv steht, wird es zu einem Nomen.
Adjektive haben dann die Endung **-es** oder **-e**.

Beispiele: **etwas K**leines, **alles G**ute, **viel N**eues ...

In Verbindung mit den **Vorwörtern** (Präpositionen) **beim, im, vom, zum, am** schreibt man den Infinitiv von Verben groß, weil ein **versteckter Artikel im Vorwort** enthalten ist.
(beim = bei dem, im = in dem, vom = von dem, zum = zu dem, am = an dem)

Beispiele: **zum S**urfen, **beim** (langen) **S**tehen, **im L**iegen, **vom** (vielen) **T**rainieren ...

Steht ein **Pronomen** vor einem Verb (Infinitiv), wird es zum Nomen.

Beispiele: **sein** (dauerndes) **J**ammern, **euer** (spontanes) **K**ommen, **ihr** (lautes) **R**eden ...

Nicht betroffen von der Großschreibung sind Beifügungen (Attribute).
Du erfragst Attribute mit „Welches?", „Was für ein(e)?" und erkennst sie daran, dass du sie weglassen kannst.

Beispiel: sein **(leises)** Winseln ⟶ Welches/Was für ein Winseln? ⟶ **leises = Attribut**

Bilde aus den angegebenen Wörtern/Nomen neue Nomen mit den Endungen -heit, -keit, -igkeit, -ung, -nis, -tum, -ling, -ur, -schaft!

hell: Helligkeit	**graben:**
zeugen:	**Bruder:**
bunt:	**hoffen:**
roh:	**wagen:**
angeloben:	**Kind:**
Bürger:	**korrekt:**

Gib an, warum folgende Verben und Adjektive zu Nomen werden (nominal gebraucht werden)! Unterstreiche das gebildete Nomen und den „Verursacher"!

1. Sein langsames Abschreiben bringt ihm große Probleme. (Pronomen vor Infinitiv)
2. Das tägliche Einkaufen macht mir sehr viel Arbeit.
3. Euer andauerndes Tratschen stört den Unterricht erheblich.
4. Vom langen Sitzen bekommt sie arge Kreuzschmerzen.
5. Sie kann sich noch über etwas Kleines freuen.
6. Muss es denn immer etwas Großes für die Kleinen sein?
7. Sein Schnarchen lässt mich nicht schlafen.
8. Im Laufen nehmen sich die Marathonläufer eine Banane oder etwas zum Trinken.
9. Aufgrund des langsamen Reagierens haben sie das Spiel verloren.
10. Alte und Kranke werden hier betreut.
11. Unser pünktliches Erscheinen erstaunte sie sehr.
12. Ich kann leider nur wenig Erfreuliches berichten.
13. Zum besseren Verstehen lies die Merksätze und mache die Übungen!

Forme die angeführten Adjektive und Verben so um, dass sie mit ihren Begleitern zu Nomen werden! Unterstreiche das Adjektiv/Verb in der 1. Spalte und gib in der 2. Spalte an, welche Wortart die Nominalisierung veranlasst!

Adjektiv, Verb	Nominalisierung
Vieles ist für uns neu. (Adjektiv)	**viel** Neues (Zahlwort)
Das ist ihr geläufig.	
Etwas ist komisch.	
Nichts davon ist brauchbar.	
Sie hat wenig geschrieben.	
Alles, was verbrannt ist, wurde entsorgt.	
Das war verschimmelt.	
Einiges war bereits verkauft.	

Schlusstest zum Nomen

Unterstreiche alle Wörter, die Nomen sein können! Es gelten Nomen in allen Fällen (z. B. den Streichen = 3. Fall, Plural), aber keine nominal gebrauchten Wörter (z. B. das Malen). Setze vor jedes gefundene Nomen den passenden bestimmten Artikel!

FLIEGEN	FLOG	FLUG	FLIEGE	GEFLOGEN	FLIEG
	KOSTEN	KOST	VERKOSTUNG	KOSTE	
ALT	ALTERN	ALTER	ALTERUNG	ÄLTER	ALTEN
	BLÄTTERN	BLÄTTERE	BLATT	GEBLÄTTERT	
	SEGEL	SEGELN	UMSEGLUNG	GESEGELT	
SCHLAG	SCHLAGEN	SCHLUG	SCHLÄGE	GESCHLAGENE	
STAUB	STAUBEN	STAUBIG	STAUBET	VERSTAUBT	
ENDEN	ENDE	ENDUNG	ENDET	ENDLICH	
MALEN	MALER	BEMALUNG	MALTE	MAL	
	SAMMELN	SAMMLUNG	SAMMELTE	SAMMELND	
STRICH	STREICHEN	STREICH	GESTRICHEN	STRICHE	
VERFAHREN	FAHREN	FAHRER	FAHREND	FAHRT	

Schreibe aus Übung 44 alle Wörter heraus, die nominalisiert werden können, und setze einen Artikel davor! Ordne die Wörter in die richtige Zeile ein!

Infinitiv (+ Artikel)	das Fliegen, _____
	_____
	_____
	_____
	_____
	_____
	_____
1. Partizip (+ Artikel)	_____
2. Partizip (+ Artikel)	_____

Ü
46

**Schreibe folgenden Text in Schreibschrift ab und markiere die durch
Nominalisierung großgeschriebenen Verben und Adjektive!
Achte auf die Begleiter und Zahlwörter und unterstreiche sie!
(Achtung: SS kann ß sein!)**

Eine leckere Apfeltorte

WENN DU EINMAL LUST AUF ETWAS WIRKLICH LECKERES HAST, DANN FINDEST DU
HIER EIN REZEPT FÜR EINE SCHMACKHAFTE APFELTORTE.
DIESE MEHLSPEISE IST NICHT NUR SCHNELL GEMACHT, SONDERN IST AUCH EINFACH
HERZUSTELLEN.
DAS BESTE IST, DU SCHAUST EINMAL ZU HAUSE NACH, WAS VON DEN BENÖTIGEN
ZUTATEN VORHANDEN IST. DU BRAUCHST FOLGENDES:

4 GROSSE ÄPFEL	⅛ l MILCH
10 dag WEICHE BUTTER	1 TEELÖFFEL BACKPULVER
2 PACKUNGEN VANILLEZUCKER	EINE PRISE SALZ
15 dag KRISTALLZUCKER	2 EIER
10 dag MEHL	10 dag MANDELSPLITTER

BUTTER ZUM AUSFETTEN DER TORTENFORM
ALUFOLIE

DAS IM VORRATSKASTEN FEHLENDE MUSST DU BESORGEN.
DANN GEHT ES ABER LOS!

ZUERST SCHÄLST DU DIE ÄPFEL, ENTFERNST DAS KERNGEHÄUSE UND SCHNEIDEST
DÜNNE APFELSCHEIBEN.
ALLE ZUTATEN, AUSSER DEN APFELSCHEIBEN UND DEN MANDELSPLITTERN, GIBST
DU JETZT IN EINE RÜHRSCHÜSSEL. WÄHREND DES VERMENGENS DER ZUTATEN MIT
DEM HANDMIXER ACHTE DARAUF, DASS DU BEIM MIXEN DURCH DAS HERAUSSPRITZEN
NICHT ZU VIEL „PATZT", SONST BENÖTIGST DU ZUM PUTZEN DER KÜCHE MEHR ZEIT,
ALS DAS BACKEN DER TORTE BRAUCHT.
ZU DER GLATT GERÜHRTEN MASSE IN DIE RÜHRSCHÜSSEL SCHÜTTEST DU DIE
APFELSCHEIBEN. DURCH LEICHTES UNTERHEBEN, ALSO VORSICHTIGES RÜHREN,
VERMISCHST DU DIE ÄPFEL MIT DEM TEIG.
NUN BIST DU EIGENTLICH FAST FERTIG. DAS EINSCHALTEN UND VORHEIZEN DES
BACKOFENS AUF 170 GRAD SOLLTEST DU JETZT NICHT VERGESSEN. NIMM EINE
TORTENFORM ODER EINE FLACHE AUFLAUFFORM UND STREICHE DIESE MIT ETWAS
BUTTER AUS. ZUM EINFETTEN DER FORM KANNST DU EINEN KLEINEN PINSEL ODER
DAS BUTTERPAPIER VERWENDEN. NUN FÜLLST DU DIE TEIGMASSE IN DIE AUSGEFETTETE
FORM UND STREUST DIE MANDELSPLITTER DARÜBER. UND JETZT AB INS VORGEHEIZTE
BACKROHR FÜR 30 MINUTEN BEI 170 GRAD HEISSLUFT!
NACH DEN 30 MINUTEN BACKZEIT MUSST DU DIE SCHON ETWAS GEBRÄUNTE TORTE
MIT ALUFOLIE ABDECKEN UND WEITERE 10 MINUTEN FERTIG BACKEN.
NACH DEM AUSKÜHLEN KANNST DU DIE NOCH ETWAS WARME APFELTORTE MIT
SCHLAGOBERS GENIESSEN.

GUTES GELINGEN! GUTEN APPETIT!

Ü 47

Schreibe folgende Tagebucheintragung in Schreibschrift ab oder lass sie dir ansagen! (Achtung: SS kann ß sein!)
Unterstreiche anschließend die durch Nominalisierung großgeschriebenen Verben und Adjektive! Unterstreiche ebenfalls die für die Nominalisierung verantwortlichen Wörter!

LIEBES TAGEBUCH!

HEUTE STIESS ICH BEIM BETRETEN DES ZEICHENSAALES MIT EINEM BURSCHEN ZUSAMMEN. DABEI FIELEN MIR MEINE GESAMTEN MALSACHEN AUF DEN FUSSBODEN. ICH WOLLTE SCHON ETWAS UNFREUNDLICHES SAGEN, DA BLICKTE ICH IN DAS BRAUN ZWEIER WUNDERSCHÖNER AUGEN. EINE FREUNDLICHE STIMME ENTSCHULDIGTE SICH FÜR DIE UNGESCHICKLICHKEIT. DER JUNGE HALF MIR BEIM AUFHEBEN DER STIFTE UND BEIM SORTIEREN DER ZEICHENBLÄTTER. ICH STARRTE MEIN GEGENÜBER NUR AN. DAS REDEN FIEL MIR SCHWER. ICH STOTTERTE EBENFALLS EINE ENTSCHULDIGUNG. DAS LÄUTEN DER SCHULGLOCKE RÜTTELTE MICH ERST WIEDER WACH. ICH HATTE MICH IN DIESEN SCHÜLER BEIM ERSTEN BLICK VERLIEBT. AM LIEBSTEN HÄTTE ICH MEINE MALSCHACHTEL NOCHMALS FALLEN GELASSEN.

DER UNBEKANNTE LÄCHELTE MIR NOCH EINMAL ZU UND SCHON WAR ER WEG.

ICH MUSS UNBEDINGT HERAUSFINDEN, IN WELCHE KLASSE ER GEHT UND WIE ER HEISST!

WENN ICH DIE AUGEN SCHLIESSE, SEHE ICH NOCH SEIN LIEBES LÄCHELN.

LIEBES TAGEBUCH, HOFFENTLICH SEHE ICH MEINEN SCHWARM BALD WIEDER!

BIS DAHIN TRÄUME ICH VON IHM.

GUTE NACHT SAGT DIR

MELANIE

Kompetenz-Check

Das kann ich jetzt!

Kreuze an, was zutrifft! Falls du dich bei dem einen oder anderen Punkt noch nicht sicher fühlst, blättere nochmals zurück und wiederhole diesen Abschnitt!

Ich kann ...	Falls ich noch unsicher bin, kann ich hier nachschlagen:
☐ ... Nomen nach Geschlecht, Zahl, Fall und Beugung bestimmen.	S. 32
☐ ... starke, schwache und gemischte Beugung (Deklination) beim Nomen erkennen.	S. 33
☐ ... Nomen deklinieren (beugen) und nach den vier Fällen richtig fragen.	S. 34
☐ ... Nomen mittels Endungen bilden.	S. 35, 36
☐ ... Nominalisierung von Verben und Adjektiven aufgrund von Signalwörtern/Erkennungszeichen (Artikel, Vorwort, Zahlwort, Pronomen) erkennen.	S. 35, 36, 37, 38, 39

Artikel

Artikel sind **Begleiter des Nomens**.
Der **bestimmte Artikel** ist ein **Geschlechtswort**, an ihm kannst du das grammatikalische
Geschlecht ablesen.
Der bestimmte Artikel kommt in **Einzahl** (Singular) und **Mehrzahl** (Plural) vor, er stimmt in
Fall, Geschlecht und Zahl mit dem Nomen überein.

Einzahl (Sg.)	männlich	weiblich	sächlich	Mehrzahl (Pl.)
1. Fall	der	die	das	die
2. Fall	des	der	des	der
3. Fall	dem	der	dem	den
4. Fall	den	die	das	die

Der **unbestimmte Artikel** ist auch ein Grundzahlwort.
Du kannst **nur die Einzah** bilden.

Einzahl (Sg.)	männlich	weiblich	sächlich	Mehrzahl (Pl.)
1. Fall	ein	eine	ein	–
2. Fall	eines	einer	eines	–
3. Fall	einem	einer	einem	–
4. Fall	einen	eine	ein	–

Beispiele:
der Kopf – die Köpfe (männlich) – ein Kopf
die Zehe – die Zehen (weiblich) – eine Zehe
das Auge – die Augen (sächlich) – ein Auge

**Gib den Nomen jeweils einen bestimmten und einen unbestimmten Artikel (im 1. Fall)
und bestimme auch das Geschlecht des Nomens!**

48

bestimmter Artikel im Singular	bestimmter Artikel im Plural	unbestimmter Artikel	Geschlecht
_____ Band	_____	_____	_____
_____ Magen	_____	_____	_____
_____ Lunge	_____	_____	_____
_____ Bauch	_____	_____	_____
_____ Ohr	_____	_____	_____
_____ Fuß	_____	_____	_____
_____ Hügel	_____	_____	_____
_____ Säge	_____	_____	_____
_____ Nudel	_____	_____	_____
_____ Boden	_____	_____	_____
_____ Teller	_____	_____	_____

Pronomen

Pronomen (Fürwörter) stehen als **Begleiter vor einem Nomen**.
Sie können auch als Stellvertreter für ein Nomen stehen.

Personalpronomen

Persönliche Fürwörter sind Stellvertreter des Nomens.

Beispiele: der Mann = **er** ⟶ <u>Der Mann</u> tritt ein. <u>Er</u> tritt ein.
die Frau = **sie** ⟶ <u>Sie</u> geht einkaufen.
das Kind = **es** ⟶ <u>Es</u> hört zu.

Bei der **persönlichen Anrede** unterscheidet man die **vertraute Form (du, dein, dich, euer ...)**,
die mit kleinem Anfangsbuchstaben geschrieben wird. Im Brief kann man sowohl Klein- als
auch Großschreibung wählen (du/Du, dein/Dein, dich/Dich, euer/Euer). Die **höfliche Form
(Sie, Ihnen, Ihr ...)** wird immer mit großem Anfangsbuchstaben geschrieben.

Beispiele: Ich danke **dir** für **dein** Kommen.
Brief: Ich danke dir/Dir für dein/Dein Kommen.
Ich danke **Ihnen** für **Ihr** Kommen.

Possessivpronomen

Das besitzanzeigende Fürwort steht **vor einem Nomen** und zeigt an, wem was gehört.
Es ist **Begleiter des Nomens** und stimmt in Fall, Zahl und Geschlecht mit ihm überein.

Beispiele: **meine** Eltern, **deine** Tasche, **unsere** Schule

Groß- und Kleinschreibung ist mit Artikel möglich.
Beispiel: Jeder trägt das **Seinige/seinige** dazu bei.

Achte auf die höfliche Form! Beispiel: Legen Sie **Ihren** Mantel bitte hier ab!

	Singular	Plural
1. Person	mein	unser
2. Person	dein	euer
3. Person	sein ihr sein	ihr

Demonstrativpronomen

Hinweisende Fürwörter **weisen auf etwas hin**.
Sie können **als Begleiter** oder **als Vertreter eines Nomens** stehen.

**dieser, diese, dieses; jener, jene, jenes; derjenige, diejenige, dasjenige;
derselbe, dieselbe, dasselbe; solcher, solche, solches
der, die, das** – Im Unterschied zum Artikel weisen sie ganz besonders auf etwas oder
jemanden hin, z. B. an **dem** Platz dort, **das** da, ...

Beispiele: Nimm **diesen** Sessel!   Ich kaufe mir **solche** Schuhe!
Ich glaube dir **das** nicht!   **Dasselbe** T-Shirt trug er gestern auch.

Relativpronomen

Das bezügliche Fürwort leitet einen **Attributsatz** (Beifügesatz) ein und **bezieht sich auf ein Nomen** des übergeordneten Satzes.

der, die, das – in allen grammatikalischen Fällen
welcher, welche, welches; wer, was

Beispiele:

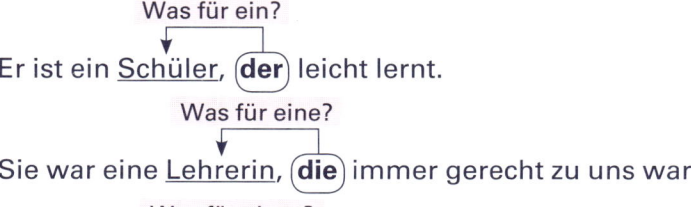

Er ist ein <u>Schüler</u>, (der) leicht lernt.

Sie war eine <u>Lehrerin</u>, (die) immer gerecht zu uns war.

Das ist das <u>Haus</u>, (welches) wir kaufen wollten.

Indefinitpronomen

Das unbestimmte Fürwort wird verwendet, wenn **keine nähere Bezeichnung** von Personen oder Sachen **vorliegt** oder eine Menge nicht näher bestimmt ist.
Es steht meist als **Stellvertreter für ein Nomen** und wird **immer kleingeschrieben**.

man, jemand, niemand, etwas, nichts, einer, keiner, mancher, alle, alles, jeder ...

Beispiele: **Alle** sollten schnell kommen.
Es war keiner zu sehen.
Jeder möchte mitmachen.

Reflexivpronomen

Das rückbezügliche Fürwort **weist auf den Handlungsträger** zurück.
Es stimmt mit dem Subjekt überein.

ich – **mir/mich**
du – **dir/dich**
er, sie, es – **sich**
wir – **uns**
ihr – **euch**
sie – **sich**

Beispiele: <u>Er</u> freute **sich**.
<u>Ich</u> helfe **mir** schon selbst.

Interrogativpronomen

Das Fragefürwort leitet einen Fragesatz oder einen untergeordneten Satz ein.

wer, wessen, wem, wen, was, welcher, welche, welches, was für ein ...

Beispiel: **Wer** hat meine Füllfeder?
Was sagst du zu meinem verpatzten Test?

Präge dir diese Übersicht ein!

Pronomen	Funktion	Beispiel
Personalpronomen (persönliches Fürwort)	**Stellvertreter des Nomens**	ich, du, er, sie, es, wir, ihr, sie
Possessivpronomen (besitzanzeigendes Fürwort)	**Begleiter des Nomens**	mein, dein, sein, unser, euer, ihr
Demonstrativpronomen (hinweisendes Fürwort)	**Begleiter** oder **Vertreter des Nomens**	der, dieser, jener, derjenige, derselbe, die …
Relativpronomen (bezügliches Fürwort)	leitet einen **Attributsatz** ein	der, welcher, wer, was …
Indefinitpronomen (unbestimmtes Fürwort)	meist **Stellvertreter für ein Nomen**	man, niemand, jeder, jemand, alle, etwas, nichts, manche …
Reflexivpronomen (rückbezügliches Fürwort)	**weist auf Handlungsträger zurück**	mich, dich, sich, uns, euch, mir, dir …
Interrogativpronomen (Fragefürwort)	**leitet einen Fragesatz ein**	wer, wessen, wem, wen, was, welcher, welche, welches, was für ein

Ergänze die fehlenden Possessivpronomen!
Sie sollen zum Subjekt passen.

49

1. Ich werde _____ Freundin mitbringen.
2. Wen möchtest du zu _____ Party einladen?
3. Sie vergaß _____ Lesebrille.
4. Ferdinand konnte mit _____ kaputten Rad nicht weiterfahren.
5. Wieso habt ihr _____ Schlüssel stecken gelassen?
6. Wir freuen uns auf _____ gemeinsamen Urlaub.
7. Kathi nimmt sich _____ Luftmatratze mit auf den See.
8. Ihr könnt _____ Gepäck unbesorgt hier stehen lassen.
9. Sie konnten _____ geparktes Auto nicht wiederfinden.
10. _____ Teller habe ich schon in den Geschirrspüler gestellt.

Unterstreiche das Demonstrativpronomen!

50

1. Wie gefällt dir dieses Tattoo?
2. Dieselbe Frau klopfte gestern an unsere Tür.
3. Jener war es!
4. Diesen Witz hat er schon hunderte Male erzählt.
5. Der kommt mir irgendwie bekannt vor!
6. Gefällt dir diese Moderichtung?
7. Diese gefällt mir noch besser als jene.

Füge das fehlende Relativpronomen ein und unterstreiche das Nomen, auf das es sich bezieht!

1. Das ist der kleine Hund, ▓▓▓▓▓▓▓▓▓▓▓ wir uns gestern ausgesucht haben.
2. Ich wiederhole den letzten Satz, ▓▓▓▓▓▓▓▓▓ sie gesagt hat.
3. Er ist ein Kumpel, auf ▓▓▓▓▓▓▓▓ man sich hundertprozentig verlassen kann.
4. Iss doch das Brot, ▓▓▓▓▓▓▓▓▓ ich dir hergerichtet habe!
5. Sie kümmert sich um die Katzen, ▓▓▓▓▓▓▓ gestern auf die Welt gekommen sind.
6. Heinz, ▓▓▓▓▓▓▓▓▓ in die 4 A geht, und Birgit, ▓▓▓▓▓▓▓▓ die 4 C besucht, sind befreundet.
7. Monika, ▓▓▓▓▓▓ Vater sie gestern entschuldigt hatte, fehlte heute schon wieder.
8. Horst, ▓▓▓▓▓▓▓ Mutter Ärztin ist, arbeitet in diesem Spital.

Unterstreiche das Reflexivpronomen und markiere das Subjekt!

1. Ich erinnere mich noch gut an sie.
2. Wir kümmern uns schon um die Gäste.
3. Tobias und Renate denken nur an sich.
4. Wir wunderten uns über euch.
5. Schämt ihr euch nicht für eure Unordnung?
6. Er beeilte sich sehr.
7. Ihr musstet euch selbst verarzten?
8. Er konnte sich an nichts mehr erinnern.
9. Wieso freust du dich nicht ein bisschen?
10. Du versprichst dich andauernd.

Setze die fehlenden Buchstaben, die am Satzende in Klammer stehen, bei den und rund um die Indefinitpronomen ein! Unterstreiche abschließend alle Indefinitpronomen!

1. Jeder konnte ▓twas ▓nheiml ches hören. (E, U)
2. Einige ▓leine fürchteten sich in der Dunkelheit, aber die ▓eisten stapften tapfer weiter. (K, M)
3. Ich habe schon ein ▓aarmal versucht dich zu erreichen. (P)
4. Er hat noch immer ▓ichts von ihr gehört. (N)
5. Im Auto warten schon ▓lle Kinder ungeduldig auf dich. (A)
6. Ich konnte ▓iemanden antreffen und alle Türen waren versperrt. (N)
7. Nach deiner Adresse fragte ▓an mich. (M)

Bestimme, ob die Pronomen Vertreter (V) für ein Nomen oder Begleiter (B) des Nomens sind! Schreibe anschließend dazu, um welche Pronomen es sich handelt!
Relativpronomen = RP, Personalpronomen = PP, Demonstrativpronomen = DP,
Reflexivpronomen = ReP, Indefinitpronomen = IP, Possessivpronomen, = PoP,
Interrogativpronomen = InP

1. Der Sportler, <u>den ich</u> meine, gewann bei den Olympischen Spielen <u>dieses</u> Jahr.
   V, V, B – RP, PP, DP
2. Seine Mutter hat mich gestern angerufen.
3. Willst du das nicht endlich einsehen?

4. Sie hat sich mit dieser Sache ziemlich übernommen.

5. Könntest du jemanden, der dafür zuständig ist, holen?

6. Borgst du mir bitte dein Handy?

7. Wir versuchten ihn bei ihr zu erreichen.

8. Wessen Auto verstellt unsere Ausfahrt?

9. Niemand hat sich für diese schwierige Aufgabe gemeldet.

10. Alle Schüler der vierten Klasse wurden von ihm eingeladen.

Ein **Pronominaladverb** besteht aus einem Adverb und einer Präposition.
Die meisten Pronominaladverbien werden aus **da, hier, wo + Präposition** gebildet.

daneben, darin, darunter, darauf, damit, davor, dazwischen, dazu, hiermit, hiervon, wozu, woraus, wobei …

Mit einem Pronominaladverb **ersetzt du ein Präpositionalobjekt** (Vorwortergänzung).

Beispiel: Verstecke die Geschenke **unter dem Bett**. ⟶ Verstecke die Geschenke **darunter**.

Ersetze die Vorwortergänzungen durch Pronominaladverbien!
Folgende Pronominaladverbien sollst du verwenden:
daran, darin, darauf, darüber, dazwischen, dafür, darüber, davon, daneben, hiermit

55

1. Sie unterschrieb auf der Glückwunschkarte.

_____

2. In der Sparbüchse sind noch 5 Euro.

_____

3. Bitte nehmen Sie zwischen uns Platz!

_____

4. Felix freute sich über die tolle Geburtstagsüberraschung.

_____

5. Vom vielen Laufen bekam Gregor Seitenstechen.

_____

6. Rudi und Daniel sind an Feuchtblattern erkrankt.

_____

7. Du brauchst für den Kuchenteig noch sechs Eier.

_____

8. Claudia warf den Ball neben den Korb.

_____

9. Wirf den Schlüssel über den Gartenzaun!

_____

10. Mit diesen Worten beendete sie ihren Vortrag.

_____

Schlusstest zu den Pronomen

Finde den fehlenden lateinischen Wortteil der Pronomen im Buchstabenfeld und trage ihn in die unterhalb angeführte Zeilen ein! Du musst waagrecht und senkrecht in Leserichtung suchen! Schreibe die deutsche Bezeichnung jeweils neben den lateinischen Namen!

F	W	E	C	G	T	A	P	R	O	N	D	I	P
H	P	O	I	U	Z	R	E	F	L	E	X	I	V
I	Z	U	I	Ü	P	J	R	S	T	R	I	D	Ü
N	Ü	D	E	M	O	N	S	T	R	A	T	I	V
T	Y	X	H	L	S	Ä	O	Ü	Q	I	O	Ü	A
E	W	T	R	O	S	I	N	Y	W	U	E	E	S
R	Y	S	D	R	E	L	A	T	I	V	I	I	C
R	B	O	P	R	S	R	L	I	W	W	T	Z	H
O	W	C	H	K	S	W	E	R	V	N	N	H	Y
G	N	D	E	R	I	N	I	T	I	G	T	T	R
A	A	S	D	F	V	D	F	G	T	Z	W	Q	T
T	C	T	Z	U	I	O	P	Ä	X	Ü	R	T	W
I	N	D	E	F	I	N	I	T	Ö	L	K	J	H
V	F	D	S	Y	A	B	C	D	E	F	G	K	G

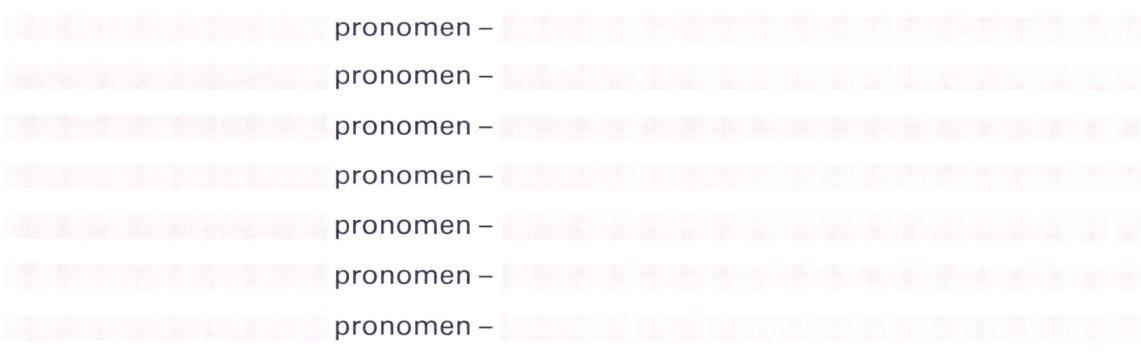

_____ pronomen – _____

_____ pronomen – _____

_____ pronomen – _____

_____ pronomen – _____

_____ pronomen – _____

_____ pronomen – _____

_____ pronomen – _____

Unterstreiche die Pronomen und gib an, um welche es sich handelt!

1. Ich genieße dieses Essen.
2. Meine nächsten Ferien verbringe ich ganz gemütlich zu Hause.
3. Er erwartet sich eine Steigerung deiner Leistung.
4. Man spricht nicht mit vollem Mund.
5. Diesen Weg, den wir gerade gehen, bin ich gestern auch schon gegangen.
6. Was kosten diese hellbraunen Schuhe?
7. Das glaubt dir niemand!
8. Vor einigen Jahren haben wir ihn dort besucht.
9. Ich möchte mich selbst überzeugen.
10. Wer kennt ihn nicht, diesen aufgeweckten, rothaarigen Kobold?

Ü 58

Unterstreiche in der folgenden Geschichte alle Pronomen und gib an, um welche es sich handelt!
Relativpronomen = RP, Personalpronomen = PP, Demonstrativpronomen = DP,
Reflexivpronomen = ReP, Indefinitpronomen = IP, Possessivpronomen, = PoP,
Interrogativpronomen = InP

Hochmut kommt vor dem Fall

Eines Tages sah das Einhorn einen Raben, der auf einem Felsblock saß.

„Alt und weise, wie du bist", sagte es, „wirst du bestimmt wissen, dass ich einmalig bin

und keiner stärker ist als ich."

„Sei nicht hochmütig!", antwortete der Rabe. „Einmalig magst du ja sein, aber dieser

Felsblock ist stärker als du."

„Da irrst du dich!", rief das Einhorn. „Ich werde gleich beweisen, wer der Stärkere ist, und

dich samt dem Felsblock umstoßen."

Das Einhorn machte einen gewaltigen Satz und rannte mit dem Horn gegen den Felsen an.

Der Felsblock mit dem Raben obenauf wankte nicht einmal. Das Horn jedoch lag in viele

Stücke zerbrochen auf dem Boden.

Der Rabe breitete bedächtig die Flügel aus und sagte: „Armes Einhorn! Bist nicht mehr

einmalig ohne dein langes Horn. Und statt deine Stärke zu beweisen, hast du mir ungebeten

etwas anderes bewiesen: Dummheit mit Hochmut vereint, das kann nicht gut gehen."

August Gottlieb Meissner   (Nach: Käthe Recheis: Fabeln aus aller Welt. Wien 2004. S. 46)

Kompetenz-Check

Das kann ich jetzt!
Kreuze an, was zutrifft! Falls du dich bei dem einen oder anderen Punkt noch nicht sicher fühlst, blättere nochmals zurück und wiederhole diesen Abschnitt!

	Ich kann …	Falls ich noch unsicher bin, kann ich hier nachschlagen:
☐	… bestimmte und unbestimmte Artikel zu einem Nomen setzen.	S. 40
☐	… die sieben Pronomenarten nennen und erkennen und ihre lateinischen Bezeichnungen verwenden.	S. 40, 42, 43, 46, 47
☐	… Personalpronomen als Stellvertreter des Nomens erkennen und bei persönlicher Anrede richtig verwenden.	S. 41
☐	… Possessivpronomen als Begleiter des Nomens erkennen und einer Person zuordnen.	S. 41, 43
☐	… Demonstrativpronomen als Begleiter und Stellvertreter von Nomen erkennen.	S. 41, 43
☐	… Relativpronomen, Indefinitpronomen und Reflexivpronomen erkennen.	S. 42, 44
☐	… Interrogativpronomen als Einleitung für einen Fragesatz erkennen.	S. 42, 44
☐	… Pronominaladverbien erkennen und verwenden.	S. 45

Adjektive

Adjektive beschreiben **Eigenschaften**.
Adjektive **lassen sich** – von wenigen Ausnahmen abgesehen – **steigern**.
Adjektive **können gebeugt werden**.
Adjektive können **attributiv, prädikativ** oder **adverbial** gebraucht werden.

Mit einem **Adjektiv** kannst du die **Eigenschaften** eines Lebewesens, eines Dinges oder eines Vorgangs beschreiben.
Beispiele: der **bissige** Hund
             die **große** Tasche
             der **flüchtige** Blick

An den Nachsilben **-ig, -lich, -sam, -bar, -isch, -haft** kannst du Adjektive leicht erkennen.
Meist wird das Adjektiv von einem Nomen oder Verb abgeleitet.

Beispiele: die Lust – lust**ig**
             der Sinn – sinn**lich**
             essen – ess**bar**
             der Dieb – dieb**isch**

Adjektive können **stark oder schwach gebeugt** werden.
Adjektive sind als Attribute **stark** gebeugt, wenn der **Fall** des Nomens von **keinem Begleiter angezeigt wird**, und **schwach** gebeugt, wenn der **Fall** des Nomens **vom Begleiter** (Artikel, Pronomen) **angezeigt wird**.

Beispiele: nach großartige**m** Sieg (stark)
             nach de**m** großartige**n** Sieg (schwach)

Adjektive schreibst du **klein**.
Das trifft auch dann zu, wenn das Adjektiv nicht unmittelbar vor dem Nomen steht.
Beispiel: Er schaut sich gerne Spielfilme an, besonders die **gruseligen** (Spielfilme).

Die meisten Adjektive lassen sich **steigern** (Komparation).
Es gibt **drei Steigerungsstufen**:
Grundstufe (Positiv) – Mehrstufe (Komparativ) – Meiststufe (Superlativ)
Beispiel: schön – schön**er** – **am** schön**sten**

 Wenn du unsicher bist, ob ein Wort ein Adjektiv ist, dann überprüfe dies durch den Versuch **der Steigerung**, denn die ist **nur bei Adjektiven möglich**.

 Anhand von bestimmten Nachsilben kannst du Adjektive leicht erkennen.
Suche aus dem Buchstabenfeld (nur waagrecht) die Silben heraus,
 die du zum Bilden von Adjektiven brauchen kannst, und kreise sie ein!

g	ö	l	i	c	h	t	r	a	b	a	r	z	j	i	g	ö	p
s	a	m	k	ö	r	a	i	s	c	h	c	h	j	k	ö	ä	a
h	a	n	r	t	z	h	a	f	t	w	e	r	p	ü	q	c	h

Bilde aus folgenden Wörtern Adjektive, indem du passende Nachsilben verwendest!

der Hass		verschwenden	
die Laune		zaubern	
die Lücken		krank	
der Schmutz		zahlen	
der Zorn		schweigen	
die Mühe		kaufen	
die Arbeit		brennen	
das Wunder		fahren	

Gib an, ob eine starke oder schwache Beugung des Adjektivs vorliegt!
Unterstreiche die Begleiter der Adjektive!

1. Bei strahlendem Sonnenschein verließen wir die alte Hütte und während eines heftigen Regenschauers mussten wir ins Tal absteigen.
2. Anita freut sich über den guten Erfolg.
3. Gabriele ärgerte sich über deine dummen Bemerkungen.
4. Im tiefen Teil des riesigen Schwimmbeckens können nur Ernst und Brigitte stehen.
5. Auf diesen weichen Matratzen haben wir sehr schlecht geschlafen.
6. Herbert sitzt unter dem großen Sonnenschirm und liest ein altes Buch.
7. Jürgen läuft auch bei eisiger Kälte seine lange Trainingsstrecke.
8. Karsten hat vom langen Sitzen Kreuzschmerzen.
9. Anna wird vom vielen Reden heiser.
10. Sie sind mit großem Schrecken davongekommen.

Vervollständige die Tabelle!
Achtung: Falle! Überprüfe, ob die Steigerungen sinnvoll sind, denn nicht alle Adjektive kannst du sinnvoll steigern!

Positiv/Grundstufe	Komparativ/Mehrstufe	Superlativ/Meiststufe
bunt		
warm		
viel		
staubig		
rußig		
gut		
voll		
intelligent		
krank		
schwach		
blau		

Wie Adjektive gebraucht werden

- Ein Adjektiv kann **attributiv** (als **Beifügung** zum Nomen) gebraucht werden.
  Es steht **vor einem Nomen** und **beschreibt** dieses **genauer**.
  Es wird **gebeugt** (= stimmt **mit dem Nomen in Fall, Zahl und Geschlecht überein**).

Beispiele: ein neu**es** Buch, in de**m** neu**en** Buch, mit de**n** neu**en** Büchern

- Als Attribut ist das Adjektiv **kein eigenes Satzglied**.
  Du erfragst das **Attribut** mit **„Was für ein(e)?"**.

Beispiele: eine <u>schöne</u> Bescherung
        der <u>schnelle</u> Läufer

- Ein Adjektiv kann **prädikativ** (= in Sätzen mit bestimmten Verbformen von **sein, werden**)
  gebraucht werden.
  Es gehört dann zum **Prädikat (= ergänzt das Prädikat)** und ist **nicht gebeugt**.
  Du erfragst dieses **Adjektiv** mit **„Wie ist (war) er/sie/es?",**
  „Wie sind (waren/werden) sie?".

Beispiele: <u>Schnell</u> **ist** dieser Läufer.
        Dieser Läufer **war** <u>schnell</u>.
        Der Läufer **wird** <u>schnell</u> **sein**.

- Ein Adjektiv kann **adverbiell** (= in Sätzen **mit jedem anderen Verb**) gebraucht werden.
  Es bezieht sich dann auf dieses Verb und **beschreibt es näher**.
  Es kann **nicht gebeugt** werden.

Beispiele: Die Mannschaft **spielt** <u>gut</u>.
        Die Schülerin **schreibt** <u>schön</u>.

Du erfragst die adverbielle Ergänzung mit
„Wie spielt die Mannschaft?",
„Wie schreibt die Schülerin?".

Gebrauche folgende Adjektive nach unten angeführtem Muster!
Schreibe die Sätze in dein Übungsheft!

1. Wasser – klar – fließt
2. Decke – weich – fühlt sich an
3. Wind – warm – bläst
4. Hund – laut – bellt
5. Wiese – nass – glänzt
6. Diana – schnell – rennt
7. Bär – gefährlich – brüllt
8. Käse – würzig – schmeckt
9. Hibiskus – rot – blüht
10. Pferd – schnell – galoppiert

attributiver Gebrauch: die <u>salzige</u> Suppe
prädikativer Gebrauch: Die Suppe ist <u>salzig</u>.
adverbieller Gebrauch: Die Suppe schmeckt <u>salzig</u>.

Unterstreiche die Adjektive und gib an, wie sie gebraucht werden:
attributiv (at), prädikativ (pr) oder adverbiell (ad)!

1. Der junge Hund spielt ganz vertraut mit den kleinen Katzen.
2. Da das Wetter unbeständig ist, bleiben wir lieber zu Hause.
3. In unserer neuen Wohnung haben wir uns schon gut eingelebt.
4. Ich schicke dir liebe Grüße aus dem sonnigen Süden.
5. Der neue Klassensprecher ist einstimmig gewählt worden.
6. Für einen leckeren Fruchtsalat solltest du nur reife Früchte verwenden.
7. Im heißesten Monat des Jahres verreist sie gerne ans Meer.
8. Die frühe Weinernte ist auf den heißen Sommer zurückzuführen.
9. Das Neugeborene ist gesund, die glückliche Mutter auch.
10. Er begreift schnell und schreibt selbstständig seine Aufgabe.
11. Am Donnerstag wird sie 14 Jahre alt.
12. Der neue Disneyfilm war sehr lustig.

Präge dir folgende Übersicht, die den Gebrauch von Adjektiven zeigt, gut ein!

Verwendung	Beispiel/Frage
als Beifügung zum Nomen (**attributiver** Gebrauch) ⟶ kein eigenes Satzglied	Die <u>eifrige</u> Studentin lernt für die <u>schriftliche</u> Prüfung. **Was für eine/ein?**
mit Verbformen von sein, werden (**prädikativer** Gebrauch) ⟶ ein eigenes Satzglied	Die Studentin ist <u>eifrig</u>. Die Prüfung ist <u>schriftlich</u>. **Wie ist/war …?**
als nähere Beschreibung eines Verbs (**adverbieller** Gebrauch) ⟶ ein eigenes Satzglied	Die Studentin lernt <u>eifrig</u>. **Wie lernt …?**

Partizipien

Partizipien werden häufig **als Adjektive** verwendet.

1. Partizip (Mittelwort der Gegenwart)
Beispiele: ein leben**nd**er Fisch,
           das sinke**nde** Schiff

2. Partizip (Mittelwort der Vergangenheit)
Beispiele: ein **ge**fundener Schlüssel,
           das **ge**knüpfte Seil

Die meisten **Partizipien** kannst du **so wie Adjektive** nicht nur **attributiv**, sondern auch **adverbiell verwenden**.

Beispiele:
attributiv gebraucht – Attribut (gehört zum Nomen)
Adjektiv: neu ⟶ ein **neuer** Anzug – Was für ein ...? Welcher?
1. Partizip: tropfend ⟶ ein **tropfender** Wasserhahn
2. Partizip: gekocht ⟶ ein **gekochter** Schinken – Was für ein ...? Welcher?

adverbiell gebraucht – Arterigänzung oder modale Ergänzung
Adjektiv: schnell ⟶ Er läuft **schnell**. – Wie läuft er?
1. Partizip: tanzend ⟶ **Tanzend** sah ich sie im Saal. – Wie sah ich sie?
2. Partizip: gekonnt ⟶ **Gekonnt** löste sie den Knoten. – Wie löste sie den Knoten?

Das **2. Partizip** wird als **Prädikatsteil** bei Perfekt und Plusquamperfekt verwendet und bei der Passivbildung eingesetzt.

Beispiele:
2. Partizip: gegossen – Er hat <u>gegossen</u>. (Perfekt)
             Er hatte <u>gegossen</u>. (Plusquamperfekt)
             Die Blumen werden <u>gegossen</u>. (Passiv, Präsens)

 Siehe auch Kapitel „Verben"!

Bilde aus dem angegebenen Infinitiv das 1. und 2. Partizip und verwende sie als Attribute!

Infinitiv	1. Partizip als Adjektiv	2. Partizip als Adjektiv
rauben	_____ Fische	_____ Juwelen
rufen	_____ Kinder	ein _____ Wort
leiden	ein _____ Gesicht	eine er_____ Verletzung
lesen	eine _____ Schülerin	ein _____ E-Mail
wachen	ein _____ Hund	eine durch_____ Nacht
verklingen	ein _____ Lied	ein _____ Ton
sieden	_____ Wasser	_____ Hundefutter
rauchen	_____ Schornsteine	ein ver_____ Lokal

Bestimme die Wortart der unterstrichenen Wörter und gib an, ob sie attributiv oder adverbiell verwendet sind!
Stelle jeweils zur Überprüfung die notwendige Frage!

1. Sie stand mit <u>leuchtenden</u> Augen da.
2. Ich habe mir den <u>linken</u> Fuß verstaucht.
3. <u>Essend</u> saß er vor dem Fernsehapparat.
4. Wir bekommen <u>laufend</u> <u>neue</u> Ware.
5. Er möchte seinen <u>neuen</u> Pullover anziehen.
6. Diese <u>hellgraue</u> Jacke habe ich <u>neu</u> gekauft.
7. <u>Verstohlen</u> blickte er sich um.
8. <u>Keuchend</u> erreichte der Marathonläufer das Ziel.
9. Nach dem Match verließen wir <u>gedemütigt</u> das Spielfeld.
10. Diese <u>neuartigen</u> Lampen leuchten besonders <u>hell</u>.

Großschreibung von Adjektiven und Partizipien

- Steht ein **Artikel** vor einem Adjektiv oder Partizip, wird es zu einem Nomen und daher großgeschrieben.
  Beispiele: eifrig, süß (Adjektive): **der/die E**ifrige, **das S**üße
  lachend (1. Partizip), geschnitten (2. Partizip): **die/der L**achende, **das G**eschnittene

- Steht **kein Artikel** vor dem Adjektiv oder Partizip, **könnte aber einer eingefügt werden**, schreibst du auch groß.
  Beispiele: Es werden nur **E**ifrige schaffen. (**die E**ifrigen)
  Die Straße hinauf laufen **L**achende. (**die L**achenden)

- Wenn **unbestimmte Zahlwörter (einiges, alles, etwas, nichts, viel, wenig)** vor Adjektiven oder Partizipien stehen, werden sie zu Nomen.
  Beispiele: **alles G**ute, **viel S**chönes, **nichts G**ekochtes, **etwas S**pannendes

Adjektive und Partizipien, die zu Nomen werden, weil ein unbestimmtes Zahlwort davor steht, haben die Endung **-es** oder **-e**.

Setze die Buchstaben, die in Klammer stehen, richtig in die Sätze ein!
Achte auf den nominalen Gebrauch (Großschreibung) von Adjektiven!

1. Felix liebt Geleezuckerl, besonders die ___oten. (R)
2. Gertraud überlegt sich etwas ___esonderes für ihr Abschlussfest. (B)
3. Du musst dich ___esonders beeilen, sonst verpassen wir den ___etzten Bus. (B, L)
4. Heinz suchte nichts ___estimmtes, er wollte nur etwas ___ssbares finden. (B, E)
5. Die Kinder freuten sich darüber, besonders die ___leinen waren ganz aufgeregt. (K)
6. Kein ___efragter gab die richtige Antwort. (B)
7. Ich muss dir etwas ___rauriges berichten. (T)
8. Es ist ___ichtig, dies zu tun. (R)
9. Sie hatte das ___alsche Heft eingepackt. (F)
10. Es wäre ___alsch, ihm nachzugeben. (F)
11. Das ___ichtigste ist schon eingepackt. (W)
12. Er erzählte mir von seiner ___ustigen Party. (L)

Numeralien

Zahlwörter (Numeralien) werden **kleingeschrieben**, außer sie werden nominal gebraucht.

- **Unbestimmte Zahlwörter** werden **wie Adjektive dekliniert** und **in der Regel kleingeschrieben**, auch wenn ein Artikel davor steht.

Unbestimmte Zahlwörter sind: **viel, etwas, genug, manche, wenig, einige, mehrere, (der, die, das) eine, (der, die, das) andere ...**
Beispiele: ein wenig, die meisten, die eine und die andere, alle anderen, kein anderer, ein bisschen, ein paar ...

 Soll der nominale Gebrauch der Zahladjektive **viel** (mehr, meisten), **wenig**, der/die/das **eine**, der/die/das **andere** allerdings betont werden, ist neben Klein- auch Großschreibung möglich.
Beispiele: Die **m**eisten/**M**eisten beteiligten sich am Projekt. (Betonung, Hervorhebung!)
Gerade dieses **e**ine/**E**ine fehlt. (Betonung/Hervorhebung!)

Grundzahlwörter unter einer Million schreibt man klein: null, eins, zwei, drei ... zwölf, dreiunddreißig, hundert, eine Million ...
Beispiel: hundert, tausend, beide, viertel vor fünf, Zeile drei, wir zwei

 Zahlen von eins bis zwölf schreibt man aus, alle weiteren Zahlen kannst du als Ziffern (13, 14 ... 88 ... 100) schreiben.

- **Groß** schreibt man **Grundzahlwörter**, wenn sie als **Zahlzeichen** verwendet werden: die (Ziffer) Zwei, die magische (Zahl) Dreizehn, einen Sechser würfeln ...
- **Groß- und Kleinschreibung** ist möglich, wenn **unbestimmte Mengen** angegeben werden: mehrere **t**ausend/**T**ausend Zuschauer, **d**utzende/**D**utzende Flecken, **h**underte/**H**underte von Gelsen, **z**igtausende/**Z**igtausende Kinder
- **Ordnungszahlen:** erste, zweite, dritte ...
Beispiele: beim ersten Vorschlag bleiben, zum vierzigsten Geburtstag, zum Vierziger

Ordnungszahlen werden wie Adjektive verwendet. Sie werden **großgeschrieben, wenn sie nominal gebraucht** werden, **ansonsten** werden sie **kleingeschrieben**.
Beispiele: das erste Mal, zum ersten Mal, die ersten Schneeglöckchen, zu dritt fortgehen, der Erste, der gekommen ist, einen Dreier bekommen, zum Ersten, zum Zweiten und zum Dritten, jeder Dritte, du bist der Dritte

- **Bruchzahlwörter:** ein Drittel, das Viertel, halb, viertel ...

Bruchzahlwörter **werden kleingeschrieben**, wenn sie **als Beifügung** (Attribut) vor Maß- und Gewichtseinheiten stehen.
Wenn sie **nominal** verwendet werden, schreibt man sie **groß**.
Beispiele: ein Viertel Wein, ein viertel Liter Wein, ein Viertelliter Wein, das Viertellitermaß, ein halbes Brot, ein halbes Kilo Brot (aber: die Hälfte vom Brot)

- **Vervielfältigungszahlen:** dreifach, hundertfach, tausendfach ...
3fach/3-fach, 100fach/100-fach, 1000fach/ 1000-fach ...

Beispiele: diese Formulare dreifach (3fach, 3-fach) ausfüllen,
das Dreifache (3fache, 3-Fache) bezahlen

Ü 68

Schreibe die Wörter, die in Blockbuchstaben geschrieben sind, in Schreibschrift!

1. Daniela wurde beim Schirennen (die) DRITTE _____ .
2. Wir stellten uns zu ZWEIT _____ an.
3. Als Vierjährige war sie das ERSTE _____ Mal beim Zahnarzt.
4. Bei diesem Betrag kannst du noch eine NULL _____ dranhängen.
5. Robert ist der LETZTE _____ .
6. Schütten Sie ein VIERTEL _____ Wasser in diesen Behälter!
7. Die ERSTEN BEIDEN _____ Anrufer erhalten eine Gratiskarte.
8. Warum dürfen ALLE ANDEREN _____ nach Hause gehen?
9. Haben Sie bitte noch ein WENIG _____ Geduld.
10. Er hatte selbst nicht VIEL _____ zu essen.
11. Leonard hat heute seinen ERSTEN _____ Zahn bekommen.
12. Kaufe bitte ein ACHTEL _____ Butter, ZWEI _____ Liter Milch, ein VIERTEL _____ Schlagobers und ein HALBES _____ Kilo Brot!
13. Erwin kam erst in die VIERTE _____ Stunde.
14. Gerd sagte mir, dass ihn jemand ANDERER _____ bedient hätte.
15. Zum Schluss kamen die BEIDEN _____ endlich auch an die Reihe.
16. Ich möchte gleich beim ERSTEN _____ Angebot zuschlagen.
17. „Zum ERSTEN _____ , zum ZWEITEN _____ und zum DRITTEN _____ ! Die ersteigerte Vase geht an den Herrn in der ACHTEN _____ Reihe!"
18. Er hat im Zeugnis nur einen VIERER _____ und DREI _____ DREIER _____ .
19. Wir kommen um FÜNF _____ Uhr und sind zu ACHT _____ .
20. Morgen muss JEDER _____ FÜNF _____ Euro für die Busfahrt mitbringen.

Ü 69

Schreibe die Zahlen und Bruchzahlen aus!

1. Wähle bei dieser Telefonnummer eine 0 vor! _____
2. Bei der Deutschschularbeit gab es keinen 5er. _____
3. Wir sitzen in der 8. Reihe. _____
4. Sie trinkt täglich $\frac{1}{4}$ Liter Vitaminsaft. _____
5. Sie schenkte mir die $\frac{1}{2}$ Schokolade. _____
6. Er fuhr das 1. Mal Schi. _____
7. Ich muss um $\frac{3}{4}$ 10 zu Hause sein. _____
8. Felix hat mehr als 1000 Sammelkarten. _____
9. Das Seil ist einen $\frac{1}{2}$ Meter zu kurz. _____
10. Schreibe die 8 und die 15 auf! _____
11. Kopieren Sie mir diese Blätter 3fach. _____
12. Um 13.00 Uhr kommt der nächste Bus. _____
13. Ich bekomme $\frac{1}{4}$ gemahlenen Kaffee und $\frac{1}{2}$ Liter Milch. _____
14. Er musste $\frac{1}{3}$ der Summe sofort anzahlen. _____
15. Mein Großvater ist 89 Jahre alt. _____

Schlusstest zu den Adjektiven, Partizipien und Numeralien

Unterstreiche zuerst die Adjektive bzw. Partizipien und gib anschließend an, wie sie gebraucht werden: attributiv (at), prädikativ (pr) oder adverbiell (ad)!

1. Er tanzt hervorragend Walzer.
2. Sie kocht die besten Spagetti.
3. Lustig spielt der junge Kater mit einem roten Wollknäuel.
4. Die neue Lehrerin ist streng.
5. Sie beurteilt die Schularbeiten streng.
6. In meinem schönen Stickeralbum sind nur noch einige Felder leer.
7. Sie spielt fantastisch Klavier.
8. Deine Aufsätze werden immer besser.
9. Rasch senden wir Ihnen auch die neueste CD dieser Popgruppe zu!
10. Das frisch gebackene Brot schmeckt herrlich.

Unterstreiche in der folgenden Fabel alle Adjektive und alle Partizipien und gib an, welche Funktion (at = attributiv, ad = adverbiell, pr = prädikativ) sie übernehmen!

Der Apfelbaum und die Tanne

Hinter einem in voller Blüte stehenden Apfelbaum erhob eine Tanne ihren dunklen Wipfel. „Du tust mir leid", sagte der Apfelbaum zur Tanne. „Schau dir meine vielen Blüten an! Sind sie nicht eine Pracht? Aber was hast du aufzuweisen? Grüne Nadeln, nichts als grüne Nadeln!" „Das ist wahr", antwortete die Tanne. „Deine Blüten erfreuen die Menschen. Doch wenn der Winter kommt, wirst du kahl und entlaubt sein und die Menschen werden sich an meinem immergrünen Nadelkleid erfreuen."
Arthur Schopenhauer

(Nach: Käthe Recheis: Fabeln aus aller Welt. Wien 2004. S. 49.)

Setze die Buchstaben, die in Klammer stehen, richtig in die Sätze ein! Achte auf den nominalen Gebrauch (Großschreibung) von Adjektiven, Partizipien und Zahlwörtern!

1. Das ___lein___eschnittene muss in Öl angebraten werden. (K, G)
2. Man sollte zum Frühstück viel ___ohes essen. (R)
3. Auf der Party waren nur ___erkleidete zu sehen. (V)
4. Wir hatten im Vortrag über Entwicklungshilfe viel ___eues und ___nteressantes erfahren. (N, I)
5. Er musste das Gericht noch ein ___enig salzen. (W)
6. Ich war der ___rste Schüler unserer Schule, der an der Chemie-Olympiade teilnahm. (E)
7. Alles ___erdorbene muss sofort in den Biomüll geschmissen werden. (V)
8. Bei unserem letzten Familientreffen waren die ___lteren in der Überzahl. (Ä)
9. Sie verließ ___einend die Schule. (W)
10. Ich musste mich als Pfleger besonders um ___ehinderte kümmern. (B)
11. Er hat mir nichts ___erraten. (V)
12. Ich sah etwas ___unkles am Boden liegen. (D)

Verbessere die Sätze!
Zehn Fehler haben sich bei den Zahlwörtern und unbestimmten Fürwörtern eingeschlichen!

1. Ich stehe als Erste um halb 6 Uhr auf und koche für uns Beide Kaffee.
2. Für alle Anderen bereite ich Tee.
3. Ich stelle Tee und Kaffee, einen Halben Liter Milch, ein achtel Butter, zwei Viertellitergläser mit Orangensaft und das Brotkörbchen mit einem halben Kilo aufgeschnittenem Brot auf den Tisch.
4. Einer nach dem Anderen kommt dann zum Frühstück.
5. Oft bin ich dann die Letzte, die ins Badezimmer kommt.
6. Um spätestens drei viertel sieben müssen alle aus dem Haus gehen.
7. Meistens bin ich die erste, die weggeht.
8. Die Schulkinder gehen erst nach mir zu dritt zur Bushaltestelle.
9. Ich hoffe immer, dass sie Nichts vergessen.
10. Das Eine oder das Andere haben sie schon liegen gelassen.

Unterstreiche im folgenden Text alle Adjektive, Partizipien und Numeralien!
Gib auch an, wie Adjektiv und Partizip jeweils im Satz gebraucht werden!

Wer ist schneller: Der Fuchs oder der Hase?

Das ist eine lebenswichtige Frage für beide!

Für den Hasen, weil er sonst gefressen wird, für den Fuchs, weil er sonst hungrig nach Hause gehen muss.

Natürlich läuft der Fuchs schneller!

Aber – und das ist der springende Punkt – nur auf kurze Strecken.

Der Fuchs ist ein „Sprinter", der es nicht auf lange Verfolgungsjagden ankommen lassen kann. Füchse schleichen sich an und starten dann Überraschungsangriffe.

Der Hase ist ein besserer „Starter", hat aber weniger Ausdauer.

Hasen „hoppeln", das heißt, sie springen mit den Hinterbeinen und schleudern sie vor die Vorderbeine.

Hasen spielen mit sich selber „Bockspringen".

Vom Fuchs aufgestöbert jagt der Hase los, meist ganz knapp vom Fuchs verfolgt, der ihn wahrscheinlich einholen würde.

Da aber zeigt sich die beste Fähigkeit des Hasen: Er kann „Haken schlagen", springt also plötzlich und unvorhersehbar nach der Seite. Das kann der Fuchs nicht. Der Fuchs rennt also eine Kurve, jagt dem Hasen nach, bis der den nächsten Haken schlägt.

Nun hängt es von der Kondition des Hasen ab:

Schafft er einige Haken, dann ist der Fuchs erschöpft, fällt zurück und gibt auf.

Ist der Hase krank oder geschwächt, dann ermüdet er, der Fuchs kann aufholen und wird ihn erwischen.

(Nach: Reinhold Gayl, Renate Maderbacher: 100 Kinderfragen zur Natur. Frage 19. Wien 2003.)

Kompetenz-Check

Das kann ich jetzt!

Kreuze an, was zutrifft! Falls du dich bei dem einen oder anderen Punkt noch nicht sicher fühlst, blättere nochmals zurück und wiederhole diesen Abschnitt!

	Ich kann ...	Falls ich noch unsicher bin, kann ich hier nachschlagen:
☐	... Adjektive erkennen und ihre Merkmale nennen.	S. 48
☐	... Adjektive bilden, beugen und steigern.	S. 49
☐	... die lateinischen und deutschen Bezeichnungen für die Steigerungsstufen nennen.	S. 49
☐	... Adjektive nach ihrem Gebrauch (attributiv, prädikativ oder adverbiell) unterscheiden.	S. 50, 51
☐	... 1. und 2. Partizip bilden und vom Adjektiv unterscheiden.	S. 52, 56, 57
☐	... die Großschreibung von Adjektiven richtig anwenden.	S. 53
☐	... unterschiedliche Arten von Zahlwörtern (Numeralien) nennen und erkennen.	S. 54, 57
☐	... die Groß- und Kleinschreibung von Numeralien richtig anwenden.	S. 55, 57

Adverbien

Adverbien (Umstandswörter) geben die genaueren **Umstände** an, **wo, wann, wie, warum** etwas ist oder geschieht.
Adverbien können **nicht gebeugt** oder **gesteigert** werden.
Adverbien können auch **attributiv** verwendet werden.

Adverbien machen Angaben
- zum **Ort**. Du erfragst sie mit: **Wo? Woher? Wohin?**
- zur **Zeit**. Du erfragst sie mit: **Wann? Seit wann? Wie lange? Bis wann?**
- zur **Art und Weise**. Du erfragst sie mit: **Wie? Auf welche Weise? Wie sehr?**
- zur **Begründung**. Du erfragst sie mit: **Warum? Weshalb? Wozu? Wodurch? Weswegen?**

Das Adverb **gehört zum Verb**:
Lokaladverb (Ort): Wir biegen **rechts** ab. **Wo?**
Temporaladverb (Zeit): Sie kommen **jetzt** an. **Wann?**
Modaladverb (Art und Weise): Er isst **gern** Pikantes. **Wie isst er ...?**
Kausaladverb (Grund): Er trinkt **daher** Wasser. **Warum?**

Ein **Adverb** kann auch **attributiv verwendet** werden. Es **gehört** dann zum **Nomen**.
Beispiel: Wir biegen in die <u>rechte</u> Gasse ein. ⟶ Was für eine ...? In welche Gasse?

Das Adverb **unterscheidet sich vom Adjektiv dadurch, dass es nicht gesteigert werden kann** und daher unverändert bleibt.

Unterstreiche die Adverbien und schreibe das Fragewort und die Bestimmung (Lokal-, Temporal-, Modal-, Kausaladverb) dazu!
(Achtung: Ein Adverb wird attributiv verwendet. Achte auf die Fragestellung!)

1. Dort oben ist besonders viel Platz!

2. Gestern konnte er wegen Halsschmerzen kaum reden.

3. Bald werden auf dieser Wiese überall die ersten Schneeglöckchen blühen.

4. Fahren Sie diese linke Quergasse bis zur nächsten Ampel hinunter!

5. Er überprüft stündlich die Beatmungsmaschine des Patienten.

6. Die alte Dame war für ihr Alter ziemlich sportlich.

7. Sie sollte die warme Jacke trotzdem mitnehmen.

8. Sie werden nirgends ein Ersatzauto bekommen.

9. Von früh bis spät fahren die Autos durch diese kleine Ortschaft.

10. Florian trägt seine Mütze drinnen und draußen.

Im unten abgebildeten „Buchstabenbild" verstecken sich häufig gebrauchte Adverbien (Umstandswörter). Trenne sie durch Längsstriche voneinander ab und ordne sie richtig in die Tabelle ein!

auchgenausoinnennirgendseinstlinksdortobendadurchdrinnendennoch

morgennunfolglichniedaherdarumirgendwovorn

dejetztfrühsehrgernsofastspätbesonderssicherlich

deswegendazualsodamitsonstgesterndamalsüberalltrotzdemaußensicherkaum

heutemittagsziemlich

gewissunbedingtvölligdeshalb

hierabendsstündlichuntenrechtsbaldinfolgedessenja

Adverbien des Ortes (lokal): _____

_____

_____

Adverbien der Zeit (temporal): _____

_____

_____

Adverbien der Art und Weise (modal): _____

_____

_____

Adverbien des Grundes (kausal): _____

_____

_____

Merke dir diese häufig vorkommenden Umstandswörter gut!

Bestimme die unterstrichenen Wörter im Text „Wieso haben Dosenananas ein Loch in der Mitte?" und ordne sie richtig zu!
Achtung: Nicht alle unterstrichenen Wörter sind Adverbien! Stelle das richtige Fragewort!
Beachte: Adverbien erkennst du daran, dass sie nicht gesteigert werden können! Adjektive hingegen kannst du steigern!

Natürliche Ananas haben <u>selbstverständlich</u> kein Loch.

Eine <u>echte</u> Ananas sieht wie ein übergroßer, fleischiger, orangeroter Föhrenzapfen aus.

Die Spanier sagen <u>daher</u> zur Ananas „Piña", was so viel wie Pinienzapfen bedeutet.

Sie wächst zwischen einem Büschel aus <u>fast</u> einem Meter langen, steifen, dornigen, <u>fleischigen</u> Blättern. Daher wird sie <u>auch</u> mit dem Buschmesser geerntet; die Erntearbeiter tragen Ledergewand und Arbeitshandschuhe, sonst würden sie am Abend <u>blutend</u> und <u>geschunden</u> nach Hause gehen.

In Wirklichkeit besteht die Frucht aus vielen Einzelfrüchten. Sie stehen <u>dicht</u> gedrängt <u>rund</u> um einen Stängel und wachsen miteinander zusammen, wenn sie <u>reif</u> werden. Es sieht <u>dann</u> aus wie eine einzige Frucht. Nur an den dreieckigen Schuppen <u>außen</u> kann man <u>noch</u> die einzelnen Teilfrüchte erkennen.

Durch die ganze Ananasfrucht zieht sich <u>also</u> der Länge nach der Stängel. Und da dieser <u>sehr</u> faserig ist, schneidet man ihn heraus, stanzt ihn also aus den <u>kreisrunden</u> Scheiben, in die man die Ananas geschnitten hat, damit sie in die Dose passen.

Wo also die Dosenananas ein Loch hat, hat die <u>frische</u> Ananas ein Faserbündel, das natürlich auch <u>wunderbar</u> nach Ananas schmeckt, aber <u>so</u> <u>zäh</u> und <u>faserig</u> ist, dass es viele Esser nur auslutschen und dann wegwerfen.

(Nach: Reinhold Gayl, Renate Maderbacher: 100 Kinderfragen zur Natur. Frage 85. Wien 2003.)

Adverbien des Ortes (lokal): _____

Adverbien der Zeit (temporal): _____

Adverbien der Art und Weise (modal): _____

Adverbien des Grundes (kausal): _____

In Übung 77 sind auch Wörter unterstrichen, die keine Adverbien sind. Finde heraus, welcher Wortart sie angehören! Schreibe sie heraus und gib an, welche Funktion sie im Satz erfüllen (attributiv = at, adverbiell = ad, prädikativ = pr)!

_____

_____

_____

_____

_____

_____

_____

Schlusstest zu den Adverbien

Unterstreiche in der Geschichte „Der freigiebige Elefant und der geizige Schneider" alle Adverbien! Ordne sie anschließend unterhalb in die Tabelle richtig ein!

Der freigiebige Elefant und der geizige Schneider

„Hier in Indien begegnen wir allen Lebewesen mit Ehrfurcht und Achtsamkeit", sagte mir ein alter Hindu, der dazu folgende Geschichte erzählte:

„Damals, als ich ein Junge war, erzählte mir mein Vater diese Geschichte.

Ein Elefant ging täglich zum heiligen Fluss Ganges, um sich dort zu waschen und zu trinken. Er kam immer bei einer alten Hütte vorbei. Davor saß ein alter Schneider und nähte schöne Kleider für die Reichen und flickte alte Mäntel für die Armen. Neben sich hatte er einen kleinen Korb mit Früchten stehen.

Jedes Mal blieb der Elefant stehen, senkte seinen Kopf und bat so um eine kleine Gabe. Obwohl der Schneider selbst arm war, gab er dem Bittenden sehr gern ein Stück Obst.

Der alte Schneider war bald nicht mehr in der Lage zu arbeiten und musste drinnen in der Hütte bleiben. Der einzige Sohn, der keineswegs wie sein Vater die indische Lebensweisheit beachtete, war geizig und rücksichtslos gegen andere.

Von morgens bis abends saß er vor der Hütte und verrichtete seine Näharbeit. Neben ihm stand auch der Obstkorb.

Wie immer kam der Elefant, neigte sein Haupt und wollte mit seinem Rüssel schon nach einem Apfel greifen. Kurzerhand stach ihn der Geizhals mit seiner Nadel in den Rüssel.

Der Dickhäuter brüllte auf und lief davon. Der gehässige Schneider lachte nur.

Der alte Mann hatte von drinnen das Geschehen beobachtet und war darüber sehr betrübt. Beim Rückweg allerdings blieb der Elefant noch einmal vor der Hütte stehen. Er hatte dem jungen Schneider etwas mitgebracht. Sogleich ergoss sich aus dem Rüssel des Elefanten ein heftiger Wasserstrahl über diesen. Der Alte in der Hütte, der den völlig nassen Sohn draußen wild umherspringen sah, lachte: „Der Elefant hat dir heute die Großzügigkeit erwiesen, die du ihm verwehrt hast, er hat dir heiliges Wasser aus dem Ganges geschenkt."

Adverbien des Ortes (lokal):   _____

                                     _____

Adverbien der Zeit (temporal):   _____

                                     _____

Adverbien der Art und Weise (modal): _____

                                     _____

Adverbien des Grundes (kausal): _____

                                     _____

Ü 80

Kennzeichne in den folgenden Sätzen Adverb, Adjektiv und Partizip!
Gib beim Adverb an, um welches es sich handelt, und beim Adjektiv und Partizip,
welche Funktion sie im Satz haben (at = attributiv, ad = adverbiell, pr = prädikativ)!

1. Hier blühen die Rosen wieder in den herrlichsten Farben.
2. Abends in der Dämmerung sieht man oft große Fledermäuse.
3. Das einst so grüne Gras ist ganz trocken und verdorrt.
4. Sie goss siedend heißes Wasser über die grünen Bohnen.
5. Dort gibt es gebratenen und rohen Fisch zu kaufen.
6. Am liebsten schaukelt er sich draußen in der neu gekauften Hängematte.
7. Flussaufwärts beobachteten wir eine im Wasser spielende Kindergruppe.
8. Es gibt hier sehr viele Insekten, unter anderem blutsaugende Bremsen.
9. Aus der weiten Ferne hörten wir noch das ratternde Motorgeräusch seines verrosteten Mopeds.
10. Sehr früh weckte uns das laute Gegacker der Hühner.

Kompetenz-Check

Das kann ich jetzt!

Kreuze an, was zutrifft! Falls du dich bei dem einen oder anderen Punkt noch nicht sicher
fühlst, blättere nochmals zurück und wiederhole diesen Abschnitt!

Ich kann ...	Falls ich noch unsicher bin, kann ich hier nachschlagen:
☐ ... die Merkmale der Adverbien (Umstandswörter) nennen.	S. 59
☐ ... Adverbien nach den Umständen (Ort, Zeit, Art und Weise, Grund) unterscheiden und erfragen.	S. 59, 60, 62
☐ ... häufig verwendete Adverbien nennen.	S. 60
☐ ... Adverbien und Adjektive unterscheiden und weiß um ihre adverbielle bzw. attributive Verwendung.	S. 61
☐ ... Adverb, Adjektiv und Partizip unterscheiden und näher bestimmen.	S. 63

Konjunktionen

Konjunktionen (Bindewörter) können **Wörter, Wortgruppen** oder **Sätze miteinander verbinden**. Konjunktionen drücken aus, welche Beziehung zwischen Wörtern, Wortgruppen und Sätzen besteht.
Danach unterscheidet man zwischen **nebenordnenden** und **unterordnenden** Konjunktionen.

- **Nebenordnende** Konjunktionen verbinden **aneinandergereihte Hauptsätze**:
  und, auch, oder, aber, sondern, denn ...

- **Unterordnende** Konjunktionen verbinden **einen Gliedsatz mit einem Hauptsatz**:
  weil, da, dass, als, obwohl, nachdem, seit, während ...

 Vor einer Konjunktion setzt du **einen Beistrich**.

Ausnahme:
Vor **„und"** oder **„oder" kannst du einen Beistrich setzen**, wenn die beiden verbundenen Hauptsätze <u>jeweils ein eigenes Subjekt</u> haben (= vollständige Hauptsätze sind).

Vor **„und"** oder **„oder"** kommt **kein Beistrich**, wenn die beiden verbundenen Hauptsätze ein <u>gemeinsames Subjekt</u> haben.

Beispiele: <u>Gabi</u> bestellt sich ein Tasse Tee **(,) und** <u>Tina</u> holt sich vom Automaten ein Cola.
            <u>Tobias</u> bestellt sich ein Hotdog **und** holt sich vom Automaten eine Flasche Limonade.

 Siehe auch Kapitel „Beistrichregeln – kurz gefasst"!

Unterstreiche die Konjunktionen und setze die Beistriche!
Gib an, was die Konjunktionen verbinden:
Wörter, Wortgruppen oder Sätze (unterordnend oder nebenordnend)!

1. Die Obsternte ist heuer sehr gut ausgefallen weil der Sommer heiß und die Niederschläge ausreichend waren.

2. Da du nicht angerufen hast bin ich alleine losgefahren.

3. Er feiert seinen fünfzehnten Geburtstag und möchte gern eine Party machen.

4. Mein Hund freut sich darüber dass ich nach einer Woche Schikurs wieder zu Hause bin.

5. Der Techniker konnte den Fehler nicht finden obwohl er das ganze System überprüft hatte.

6. Franz meldet sich für das Freifach Französisch an und Herbert wählt das Freifach Spanisch.

7. Unser Klassenzimmer wurde ausgemalt während wir auf Sprachaustausch in Italien waren.

8. Heute gibt es Schinkenfleckerl oder Käsespätzle zu Mittag.

9. Rosi möchte unbedingt am Wochenende mit mir ins Kino gehen aber ich muss für die Schularbeit lernen und ein Referat vorbereiten.

10. Felizitas hat ein Herz für Tiere und sie besitzt viele Haustiere.

11. Später möchte sie Tierärztin oder Tierpflegerin werden.

12. Jakob wünscht sich zu Weihnachten Geld denn er spart auf ein tolles Skateboard.

13. Sabrina hat sich selbst ein Kleid genäht obwohl sie keine Schneiderin ist.

14. Es fing gerade zu regnen an als wir das Zelt aufgestellt hatten.

15. Da er schon 16 Jahre alt ist und den Mopedführerschein gemacht hat darf Gregor bereits mit seinem neuen Moped in die Schule fahren.

16. Karin fuhr mit der Straßenbahn und ging anschließend noch 15 Minuten zum vereinbarten Treffpunkt.

Wichtig ist die Unterscheidung **„das – dass"**. Merke dir Folgendes gut!

das = Artikel
Relativpronomen (bezügliches Fürwort)
Demonstrativpronomen (hinweisendes Fürwort)
ERSATZWÖRTER: **dieses, dies, welches, es**

dass = unterordnende Konjunktion, leitet einen Gliedsatz ein
KEIN ERSATZWORT

Beispiele: **Das** Vertrauen ist wichtig. (Artikel)
Das (Dies) ist ein besonderer Tag. (Demonstrativpronomen)
Er bekommt das Spiel, **das** (welches) er sich gewünscht hat. (Relativpronomen)
Ich denke, **dass** du dir diese Regel sicherlich merken wirst. (Konjunktion)

Setze in der folgenden Geschichte „das" oder „dass" ein!
Gib auch an, welches „das/dass" grammatikalisch vorliegt!
Artikel = A, Demonstrativpronomen = DP, Relativpronomen = RP, Konjunktion = K
Du kannst dir den Text auch ansagen lassen!

Petersilie ist nicht gleich Petersilie

Ich kann nicht behaupten, _____ ich ein Naturfreund bin. Biologie ist auch nicht meine Stärke, besonders nicht Pflanzenkunde. Aber _____ es ganz nützlich sein kann, sich im „Reich der Pflanzen" ein wenig auszukennen, _____ soll die Erzählung von folgendem Erlebnis zeigen.
In den Sommerferien verbringe ich immer ein paar Tage auf dem Bauernhof meiner Großeltern. _____ macht mir wirklich Spaß und ich genieße als Großstädter diese Abwechslung. Meine Mutter meint, _____ mir die Landluft gut täte, und mein Vater sagt, _____ mir ein bisschen Mithelfen in der Landwirtschaft nicht schaden könnte.
Einmal war meine Oma mit dem Kochen des Mittagessens gerade so beschäftigt, _____ sie mich bat, in den Küchengarten zu laufen, um Petersilie zu holen.
Schnurstracks eilte ich in den Garten und zupfte am Rand eines Beetes ein paar Hälmchen ab – in der Hoffnung, es sei _____ Gewünschte.
„_____ ist Schnittlauch!", bemerkte meine Oma lachend. „Danke, den brauche ich für die Rindsuppe, aber Petersilie brauche ich trotzdem für die Petersilkartoffeln."
Ahnend, _____ ich nicht wüsste, wie denn Petersilie aussehe, beschrieb sie mir die Pflanze.
Ohne mir anmerken zu lassen, _____ ich _____ wirklich nicht wusste, wie _____ Kraut ausschaut, lief ich erneut zum Kräuterbeet.

„Leicht gezackte Blätter, dunkelgrüner Stängel", wiederholte ich andauernd, so   ich es nicht vergessen konnte.

Am Wegrand fand ich   Gesuchte,   ich sogleich ausrupfte. Zur Sicherheit kostete ich ein Blättchen, fand aber nichts für Petersilie Typisches im Geschmack.

Stolz reichte ich meiner Oma   Sträußchen mit der vermeintlichen Petersilie.

„   ist giftig!   ist wilde Petersilie! Die darf man auf keinen Fall essen und schon gar nicht   ganze Büschel über die Erdäpfel streuen!", ermahnte mich meine Großmutter.

            traf mich wie ein Schlag in die Magengrube. Mir stockte der Atem und der Angstschweiß stand mir plötzlich auf der heißen Stirn. Ich hatte   Giftkraut gegessen und spürte bereits,   es wirkte.

„Wie lange dauert es, bis   Gift wirkt?", fragte ich zaghaft. Oma drehte sich beiläufig vom Herd zu mir und lächelte: „Da müsstest du ein Kuhmaul voll geschluckt haben,   du dich wirklich in Lebensgefahr bringst. Von einer kleinen Menge wird dir höchstens übel. Aber man sollte weder Kräuter noch Früchte essen, die man nicht genau kennt!   ist eine wichtige Regel in der Natur!"

Erleichtert erhob ich mich von der Bank und spazierte mit Oma in den Garten, um ein bisschen Nachhilfe in Sachen Natur zu erhalten.

 Weitere Übungen zu „das – dass" findest du in „Kompetent AUFSTEIGEN Deutsch 4 – Rechtschreiben"!

Kompetenz-Check

Das kann ich jetzt!

Kreuze an, was zutrifft! Falls du dich bei dem einen oder anderen Punkt noch nicht sicher fühlst, blättere nochmals zurück und wiederhole diesen Abschnitt!

	Ich kann ...	Falls ich noch unsicher bin, kann ich hier nachschlagen:
☐	... Merkmale von Konjunktionen (Bindewörtern) nennen und neben- von unterordnenden Konjunktionen unterscheiden.	S. 64
☐	... Beistriche vor „und" und „oder" richtig setzen.	S. 64
☐	... die Konjunktion „dass" von „das" (Artikel, Relativpronomen, Demonstrativpronomen) unterscheiden und richtig anwenden.	S. 65, 66

Präpositionen

Mit Präpositionen (Vorwörtern) **fügst** du **Satzglieder und Satzgliedteile aneinander.**
Präpositionen sagen etwas darüber aus, **in welchem Verhältnis** die Dinge und Personen
zueinander stehen.
Präpositionen **stehen immer vor Nomen oder Pronomen** und **verlangen einen bestimmten Fall.**
Eine **Präposition**, die **mit einem Artikel zusammengesetzt** ist, nennt man **Kompositum.**

Häufig vorkommende Präpositionen, die

- den **3. Fall** verlangen: **aus, außer, bei, mit, nach, von, seit, zu**
- den **4. Fall** verlangen: **durch, für, gegen, ohne, um**
- den **3. oder 4. Fall** verlangen: **an, auf, hinter, in, neben, über, unter, vor, zwischen**
  FRAGE: Wo? ⟶ 3. Fall
  FRAGE: Wohin? ⟶ 4. Fall
- den **2. Fall** verlangen: **anstelle, außerhalb, bezüglich, diesseits, infolge, innerhalb, jenseits,
  oberhalb, seitens, statt, trotz, während, wegen**

Beispiele: Wir gehen **in** <u>die Schule</u>. ⟶ Präposition vor Artikel + Nomen, verlangt den 4. Fall
　　　　　Sie sitzt **hinter** <u>mir</u>. ⟶ Präposition vor Pronomen, verlangt den 3. Fall

Folgende Zusammensetzungen (Komposita) musst du besonders bei der
Großschreibung beachten:
zu dem = **zum**, an dem = **am**, in dem = **im**, bei dem = **beim**, von dem = **vom**

Beispiele: zum (tiefen) **B**ohren = zu <u>dem</u> (tiefen) **B**ohren
　　　　　beim (schnellen) **L**aufen = bei <u>dem</u> (schnellen) **L**aufen
　　　　　vom (vielen) **F**ernsehen = von <u>dem</u> (vielen) **F**ernsehen

Unterstreiche die Präposition und bestimme den Fall, den sie verlangt!
Führe bei einem Kompositum jeweils die Wörter an, aus denen es sich zusammensetzt!

83

1. Wir sitzen auf dem Geländer vor unserem Schuleingang.
2. Die aufgebrachten Arbeiter demonstrieren gegen die neuen Arbeitsgesetze.
3. Im Schulhof ist Rauchen strengstens verboten.
4. Die Schüler fragen nach ihren Noten auf die Deutschschularbeit.
5. Nächstes Schuljahr werde ich nicht mit meiner besten Freundin in die Klasse gehen.
6. Jeder Schüler wird für eine Woche zum Klassenordner eingeteilt.
7. Wir trennen den Müll in Papier, Plastik und Restmüll.
8. Auf dem Fensterbrett sitzt ein kleiner Spatz und klopft mit dem Schnabel gegen die
   Scheibe.
9. Neben dem ernsten Ferdinand sitzt die lustige Marie schon seit dem Schulbeginn.
10. Sie müssen an dem Zeitschriftenstand vorbeigehen und in die nächste Seitengasse einbiegen.
11. Anstelle seiner Schwester lernte ich seinen Bruder kennen.
12. Trotz des Lärms konnte der Übermüdete tief und fest schlafen.
13. Während der großen Ferien besuchte ich einen Sprachkurs in einer bekannten Schule
    Englands.
14. Neben der kleinen Hütte befindet sich ein herrliches Plätzchen zum Verweilen.

Ü 84 **Unterstreiche die Komposita und achte auf die mögliche Großschreibung! Schreibe die Wörter, die in Blockbuchstaben geschrieben sind, in Schreibschrift! Achtung: Falle!**

1. Katharina will beim RECHNEN unbedingt die Erste werden.
2. Beim EINATMEN habe ich große Schmerzen in der Brust.
3. Sie möchte die Wartezeit lieber im STEHEN verbringen.
4. Vom LAUTEN REDEN bekomme ich immer starkes Halsweh.
5. Ich erkenne ihn am SCHLURFENDEN GANG.
6. Durch KURZES SCHLAFEN schwächst du deinen Körper.
7. Er überredete sie zum LÄNGEREN AUFBLEIBEN.
8. Sylvia nimmt zum SCHREIBEN nur ihre Füllfeder.
9. Diese Diskonttankstelle verkauft Benzin zum NIEDRIGSTEN Preis.
10. Diese Blasen habe ich vom WEITEN LAUFEN zum Strand.

  Ü 85 **Unterstreiche in der folgenden Fabel alle Präpositionen und gib den Fall an, den sie verlangen! Achte darauf, dass du nicht Vorwort und Vorsilbe verwechselst!**

Beispiel: Er betrat nach mir das Zimmer. (= Vorwort)
        Er machte es mir nach. (= Vorsilbe, von nachmachen)

Das Blatt

Ein welkes Blatt trieb im Wind dahin und begegnete einem Vogel.

„Sieh", raschelte es voller Stolz, „ich kann fliegen wie du."

„Wenn du fliegen kannst, dann mach es mir nach!", antwortete der Vogel, wendete und steuerte mit kräftigen Flügelschlägen gegen den Wind.

Das Blatt aber wirbelte hilflos weiter. Als der Wind sich legte, fiel es in einen Bach, der munter plätschernd durch den Wiesengrund floss. Nun segelte das Blatt auf den Wellen und gluckste den Fischen zu: „Seht mich an, ich kann schwimmen wie ihr."

Die stummen Fische konnten ihm keine Antwort geben und widersprachen ihm daher nicht.

„Das sind anständige Geschöpfe", sagte das Blatt zu sich, „die lassen gelten, dass auch ein anderer dasselbe kann wie sie."

Weiter und weiter glitt das Blatt und merkte nicht, dass es sich immer mehr mit Wasser vollsog und schon durch und durch verrottet war.

Marie von Ebner-Eschenbach   (Aus: Käthe Recheis: Fabeln aus aller Welt. Wien 2004. S. 38)

Kompetenz-Check

Das kann ich jetzt!
Kreuze an, was zutrifft! Falls du dich bei dem einen oder anderen Punkt noch nicht sicher fühlst, blättere nochmals zurück und wiederhole diesen Abschnitt!

Ich kann ...	Falls ich noch unsicher bin, kann ich hier nachschlagen:
☐ ... Präpositionen (Vorwörter) erkennen und den Fall erfragen, den sie verlangen.	S. 67
☐ ... Komposita (Zusammensetzungen von Präposition + Artikel) erkennen und achte auf die Großschreibung des nachfolgenden Infinitivs.	S. 68

Schlusstest zur Wortlehre

Im folgenden Wortkasten befinden sich Wörter, die jeweils zu einer Wortfamilie gehören. Bestimme ihre Wortart und schreibe die Wörter in Schreibschrift in dein Übungsheft! Doppelnennungen sind möglich!
(Das Wort kann gleichzeitig z. B. Nomen und Verb in einer bestimmten Verbform sein.)
Bestimme die Verbformen genauer, aber führe keine Konjunktivformen an!
Achte beim Übertragen in die Schreibschrift auf die Schreibung von ß – ss – s!

Beispiel: schneide = 1. Pers. Sg., Präsens

ESSBAR – ESSEN – ESST – ISS – ISST – GEGESSEN – ESSEND

SCHNITT – SCHNEIDEN – SCHNEIDE – SCHNEIDER – ABSCHNEIDEN – GESCHNITTEN

SICH SCHRECKEN – SCHRECK – SCHRECKHAFT – ERSCHRECKEN – GESCHRECKT – ERSCHROCKEN – HEUSCHRECKE – SCHRECKLICH

FLIESSEN – FLOSS – FLUSS – GEFLOSSEN – FLIESST – FLIESSEN

GIESSEN – GOSS – GUSS – GIESSEND – GEGOSSEN – GIESSKANNE – GIESST – GOSSEN – VERGIESSEN

ZIEHEN – ZOG – ZUG – ENTZUG – ENTZIEHEN – GEZOGEN – ZIEHT – ERZIEHEND – ERZIEHUNG – ZÜGEL – LUFTZUG – ERZIEHBAR

SCHWIMMER – SCHWAMM – GESCHWOMMEN – SCHWIMMEND – SCHWIMM

MÄHER – MÄHEND – MÄHDRESCHER – MÄHTE – GEMÄHT – RASENMÄHER

TROPFEN – TRÖPFELT – TROPFEND – GETROPFT – TROPFSTEIN – TRÖPFELND

SCHREIBEN – SCHRIEB – GESCHRIEBEN – SCHREIBST – SCHREIBEND – BESCHREIBBAR

ZAHL – ZÄHLEN – ZAHLBAR – EINZAHLEN – EINZAHL – BEZAHLEN – BEZAHLUNG

ZÄHLE – ZÄHLEND – GEZÄHLT – ZAHLEND – VERZÄHLEN – ANZAHL – GEZAHLT

Ordne die Wörter aus dem Wortkasten in Schreibschrift in dein Übungsheft!
Mache dir eine Tabelle mit folgenden Begriffen:
Nomen, Pronomen, Verb, Adjektiv, Adverb, Präposition, Konjunktion!
Beachte, dass Doppelzuordnungen möglich sind!
(Bei Nomen gelten keine nominalisierten Wörter.)

MICH – GUT – WERDE – GLÜCK – REGELMÄSSIG – TAT – ZAHLEN – DIESER – SO – WER – BESSER – HIER – DASS – FÜGSAM – ICH – SONDERN – FAST – IN – FERIEN – IDEAL – VERMÖGEN – SEIN – INDEM – NACHDEM – VORWÄRTS – SINN – LUSTIG – GEGEN – BAUEN – GIBT – JA – DARUM – AUF – VON – ALS – UND – MAN – BEI – SCHNELLSTEN – TROTZ – ZOG – WELCHE – KAUM – ENG – MEHR

Ü 88

Nenne die Wortart der fett gedruckten Wörter im folgenden Text und trage die Wörter in die richtige Spalte in einer Tabelle in deinem Übungsheft ein! Ordne sie nach folgenden Begriffen:
Verb, Nomen, Adjektiv, Pronomen, Artikel, Adverb, Präposition, Konjunktion!

Wieso ist die Spitzmaus keine Maus?

Mit Tiernamen **muss man sehr** aufpassen. Sie wurden nämlich von Leuten **gegeben**, die keine Wissenschaftler **waren**. **Sie** haben Tiere **oft** einfach nach **der** Ähnlichkeit bezeichnet, z. B. alle **kleinen**, herzigen, **wolligen** Säugetiere als **Maus**.
Das muss aber gar nicht stimmen. **Denke nur an** die Fledermaus, die **auch** keine **Maus** ist.
Echte Mäuse **sind** nämlich **eine** ganz bestimmte Gruppe **von** Nagetieren, zu **ihnen** gehört z. B. auch **die** Ratte, die gar nicht **„Maus"** heißt!
Spitzmäuse aber sind nicht einmal **Nagetiere**, **sondern** Insektenfresser!
Ihre nächsten Verwandten sind **bei uns** der Igel **und** der Maulwurf.
Ein Blick **ins** Mäulchen – und alles ist **klar**: Mäuse haben **oben** und **unten** je zwei **lange** Nagezähne (wie ein Meerschweinchen **oder** ein Goldhamster), Spitzmäuse haben viele kleine **spitze** Zähnchen, sie sehen aus wie **ein** kleines Raubtier, **wenn** sie das **Mäulchen** aufreißen.
Spitzmäuse brauchen **lebende** Beute, also Käfer, Würmer, Raupen. Und damit sind sie in **einem** Acker und im Garten **überaus nützlich**, **weil** sie Insekten fressen, die **sonst** vielleicht **Schaden** anrichten **könnten**.

(Nach: Reinhold Gayl, Renate Maderbacher: 100 Kinderfragen zur Natur. Frage 13. Wien 2003.)

Ü 89

Kleines Kreuzworträtsel:
Trage die Lösungswörter zu den Fragen 1 bis 60 im kleinen Kreuzworträtsel ein!
Es sollen nur die färbigen Kästchen beschrieben werden! Du musst die Lösungswörter jeweils in Pfeilrichtung eintragen! Ä = Ä, Ö = Ö

1. deutsche Bezeichnung für Hilfsverb
2. deutsche Bezeichnung für Futur II
3. Was beschreiben Adverbien?
4. deutsche Bezeichnung für Präteritum
5. deutsche Bezeichnung für Partizip
6. ein Adjektiv, Gegenteil von „weit"
7. Befehlsform, Plural zu „heben"
8. ein Ortsadverb, Gegenteil von „hinten"
9. Kompositum aus „zu" und „dem"
10. Fragewort nach dem 2. Fall
11. 2. Steigerungsstufe zu „viel"
12. Fragewort nach dem 4. Fall
13. ein Modalverb im Infinitiv
14. Personalpronomen, 1. Person, Sg., 3. Fall
15. deutsche Bezeichnung für Futur I
16. Hilfsverb, 3. Pers. Sg., es ...
17. deutsche Bezeichnung für Präposition
18. deutsche Bezeichnung für Konjunktionen
19. ein nebenordnendes Bindewort
20. Personalpronomen, 2. Person, Sg., 1. Fall
21. 2. Stammform zu „heben"
22. deutsche Bezeichnung für Adjektiv
23. eine unterordnende Konjunktion
24. Adjektiv, anderes Wort für „müde", „niedergeschlagen"
25. Personalpronomen, 1. Perseron, Pl., 1. Fal
26. ein Hilfsverb im Infinitiv
27. eine unterordnende Konjunktion
28. Kompositum aus „an" und „dem"
29. Personalpronomen, 1. Person, Sg., 1. Fall
30. ein unpersönliches Fürwort
31. eine unterordnende Konjunktion
32. 3. Person, Plural, Futur I von „wachsen"
33. Genitiv, Sg. von „Wanne", der ...
34. ein Ortsadverb, Gegenteil von „fern"
35. ein Modaladverb (Jetzt ... recht!)
36. ein Hilfsverb, 1. Person, Sg., ich ...
37. Singular von „Säle"
38. Imperativ, Sg. zu „beten"
39. 3. Person, Sg., Präsens zu „saugen"
40. Befehlsform, Sg. zu „aufladen"
41. Nomen zu „retten"
42. 3. Person, Sg. , Präsens zu „neigen"
43. ein Modalverb (Nennform)
44. Kompositum aus „zu" und „der"
45. 1. Stammform zu „gestellt"
46. 3. Person, Sg., Präteritum zu „setzen"
47. Singular zu „Dome"
48. eine Präposition
49. Personalpronomen, 3. Pers., Sg., 1. Fall, männlich
50. Kompositum aus „von" und einem Artikel
51. ein Lokaladverb
52. Personalpronomen, 3. Person, Sg., männlich
53. 2. Person, Sg. , Präsens von „ziehen"
54. Endung bei Verben im Infinitiv
55. Reflexivpronomen, 1. Person, Plural
56. ein Kompositum (Präposition und „dem")
57. Fragewort nach dem Subjekt
58. Fragewort nach dem Dativ
59. ein Zeitadverb
60. Einzahl von „Wörter"

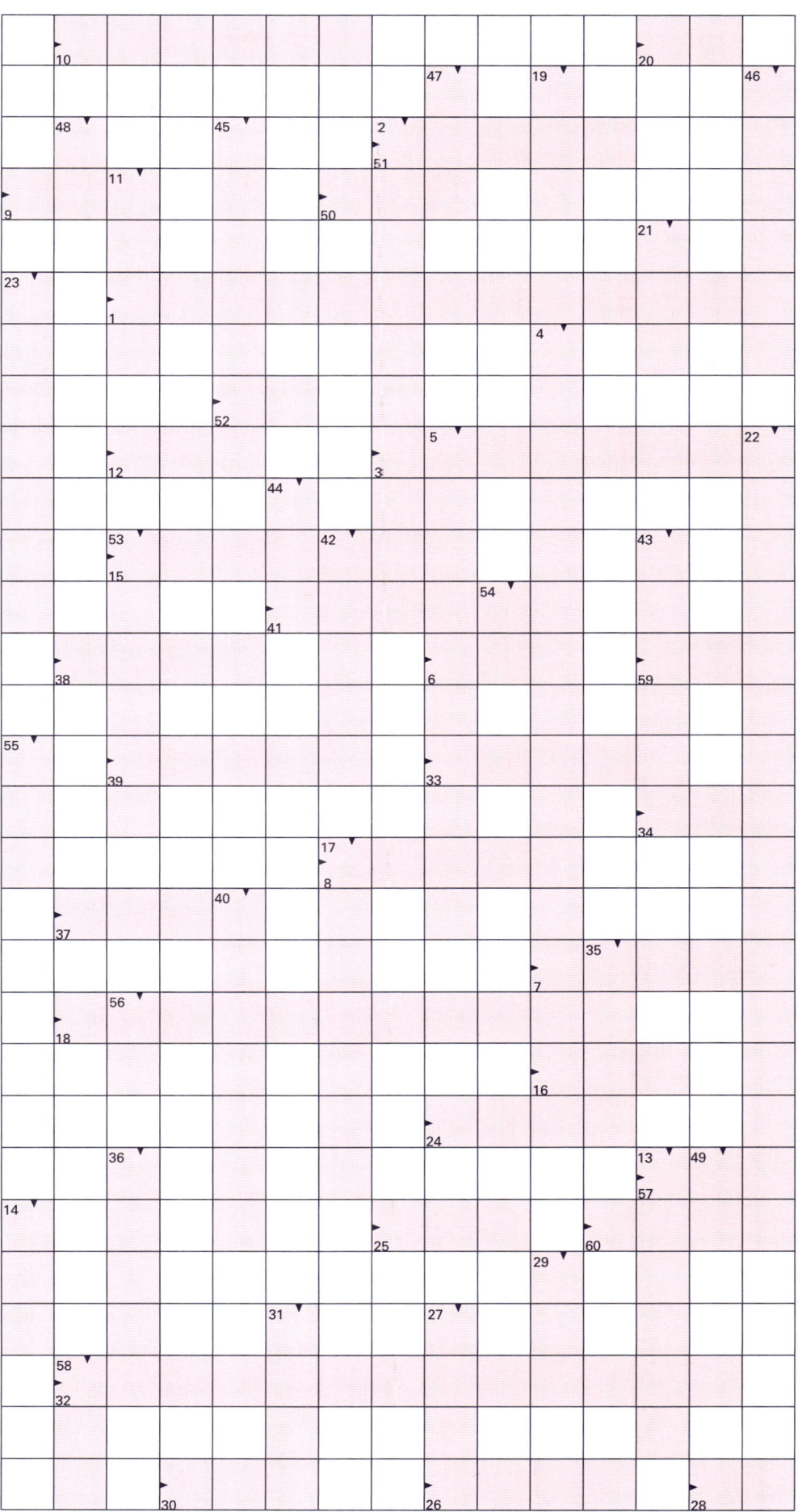

Großes Kreuzworträtsel:
Trage die Lösungswörter zu den Fragen 1 bis 94 im großen Kreuzworträtsel ein!
Es sollen nur die färbigen Kästchen beschrieben werden! Du musst die Lösungswörter
jeweils in Pfeilrichtung eintragen!
Aus dem großen Kreuzworträtsel ergibt sich ein Lösungswort, wenn du die Anfangs-
buchstaben der einzelnen Lösungswörter der unten angeführten Zahlen aneinanderreihst.
Ä = Ä (bis auf eine Ausnahme!), Ö = Ö, Ü = Ü

1. 3. Pers. Sg., Präsens von „lassen"
2. 2. Pers. Sg., Konjunktiv II zu „lesen"
3. 3. Stammform zu „greifen"
4. ein Modaladverb
5. ein Modaladverb
6. Personalpronomen, 3. Pers.,1. Fall, sächlich
7. deutsche Bezeichnung für Nomen
8. ein Modaladverb
9. deutsche Bezeichnung für Verb
10. deutsche Bezeichnung für Präsens
11. deutsche Bezeichnung für Infinitiv
12. deutsche Bezeichnung für Imperativ
13. deutsche Bezeichnung für Konjunktiv
14. deutsche Bezeichnung für Indikativ
15. Fragewort für ein Ortsadverb
16. eine unterordnende Konjunktion
17. eine nebenordnende Konjunktion
18. 2. Pers. Sg., Präsens zu „tun"
19. deutsche Bezeichnung für Numerale, …WORT
20. Zustandspassiv Präsens zu „düngen", es …
21. deutsche Bezeichnung für Pronomen
22. 3. Stammform zu „suchen"
23. Personalpronomen, 3. Pers., 1. Fall, sächlich
24. 3. Pers. Sg., Futur I zu „fliegen"
25. 3. Pers. Sg., Plusquamperfekt zu „bieten"
26. 3. Pers. Sg., Perfekt zu „säen" (ä = ae)
27. Nomen zu „fühlen"
28. 1. Partizip zu „springen"
29. Konjunktiv II zu „werden"
30. ein Hilfsverb im Infinitiv
31. lateinische Bezeichnung für Namenwort
32. Possessivpronomen, 1. Pers., Sg.
33. Säugetier, kein Fisch
34. Personalpronomen, 1. Pers., Sg., 3. Fall
35. Konjunktiv I, 3. Pers. Sg. zu „lesen"
36. eine nebenordnende Konjunktion
37. ein Modalverb (Infinitiv)
38. Konjunktiv I, 3. Pers. Sg. zu „lassen"
39. Imperativ, Sg. zu „vereinen"
40. Mittelwort der Gegenwart zu „biegen"
41. ein Kompositum („in" + Artikel)
42. eine Präposition, verlangt 3. Fall
43. 3. Pers. Sg., Präsens zu „kommen"
44. ein Modaladverb
45. unbestimmter Artikel, 2. + 3. Fall, weiblich
46. Personalpronomen, 2. Pers., Sg., 1. Fall
47. bestimmter Artikel, sächlich

48. anderes Wort für „Früchte", Einzahlwort
49. Mehrstufe (2. Steigerungsstufe) zu „gut"
50. Mehrzahl von „Hase"
51. ein Zeitadverb
52. Einzahl von „Säfte"
53. Personalpronomen, 3. Pers., 1. Fall, männlich
54. nebenordnende Konjunktion
55. Modalverb, 1. oder 3. Pers., Sg.
56. ein Umstandswort der Zeit
57. 2. Partizip zu „genießen"
58. Adjektiv, Gegenteil von „jung"
59. Reflexivpronomen, 3. Pers., Sg. u. Pl.
60. unbestimmter Artikel
61. besitzanzeigendes Fürwort, 2. Pers., Sg.
62. ein Zeitadverb
63. Konjunktiv I, 3. Pers. Sg. zu „sein"
64. eine Präposition
65. eine Präposition, Ich gehe … die Schule.
66. Konjunktiv I von „essen", er …
67. ein Zeitadverb
68. 3. Pers. Sg., Präsens zu „essen"
69. ein Zeitadverb
70. deutsche Bezeichnung für Perfekt
71. ein Kompositum („von" + Artikel)
72. Konjunktiv II, 3. Pers. Sg. zu „sein"
73. ein Modaladverb
74. ein Kompositum (Präposition + „dem")
75. anderes Wort für „Pferd"
76. 3. Pers. Sg., Präsens zu „ahnen"
77. ein Hilfsverb (Infinitiv)
78. Personalpronomen, 2. Pers., Sg., 1. Fall, Höflichkeitsform
79. Nomen zu „gierig"
80. ein Pronominaladverb
81. ein Einleitewort für Fragesatz bei indirekter Rede
82. besitzanzeigendes Fürwort, 2. Pers., Sg.
83. Possessivpronomen, 2. Pers., Pl., (… Schuhe)
84. eine unterordnende Konjunktion (temporal)
85. eine unterordnende Konjunktion (kausal)
86. ein Fragepronomen, sächlich
87. ein Kompositum (Präposition + „dem")
88. ein Relativpronomen, weiblich
89. eine Präposition
90. 3. Fall von „Sohn"
91. ein Modaladverb
92. ein Temporaladverb
93. ein Lokaladverb
94. bestimmter Artikel, weiblich

Lösungswort:

| 76 | 36 | 21 | 55 | 18 | 6 | 87 | 27 | 6 | 11 |

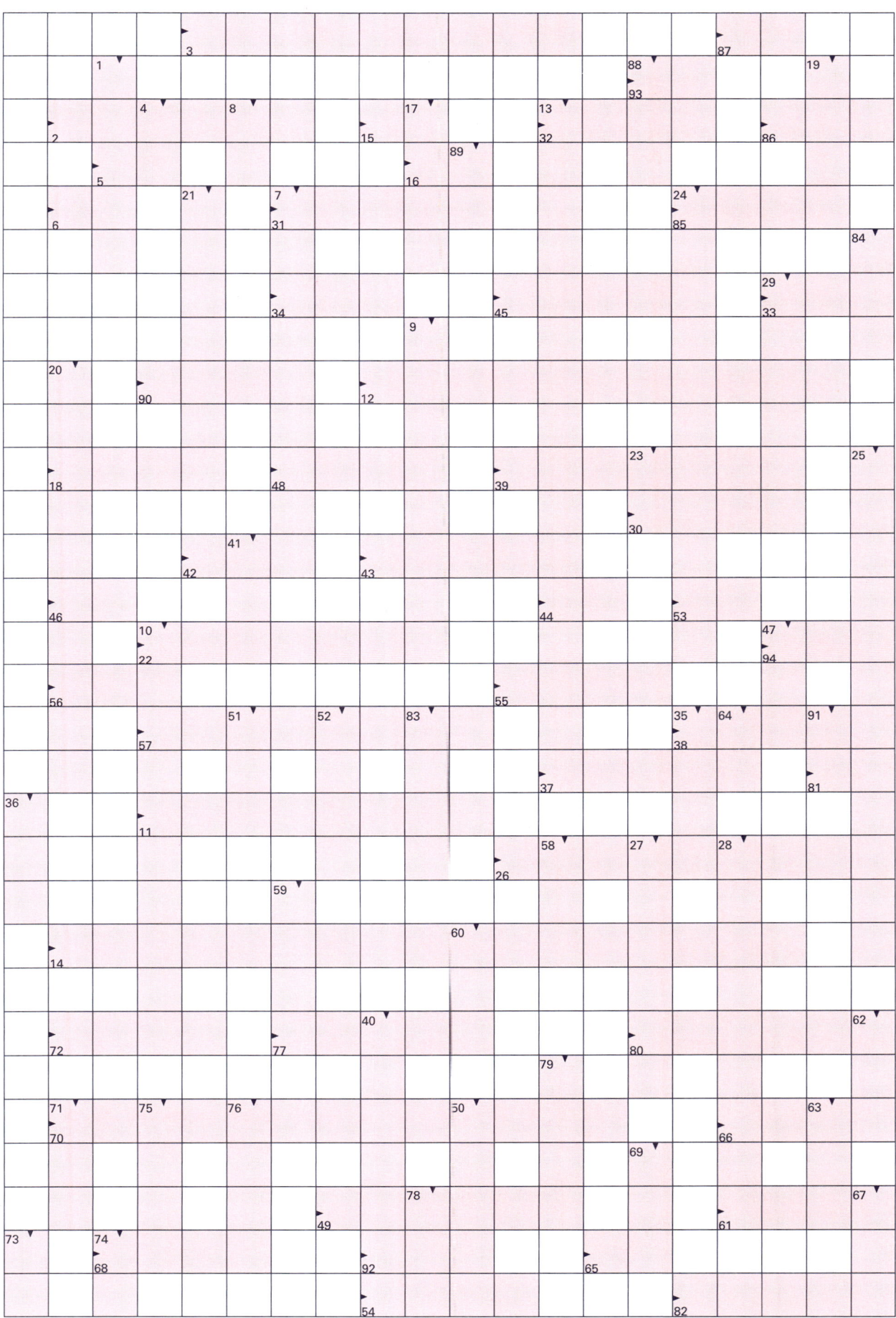

Ü
91

Bestimme beim folgenden Text jedes Wort!
Schreibe über jedes Wort, welcher Wortart es angehört!
Verwende folgende Abkürzungen:
N = Nomen, V = Verb (1. P = 1. Partizip, 2. P = 2. Partizip), A = Artikel, uA = unbestimmter Artikel,
Adj = Adjektiv, Adv = Adverb, Konj = Konjunktion, Prä = Präposition,
Präp = Kompositum aus Präposition + Artikel, Neg = Negation, RP = Relativpronomen,
PP = Personalpronomen, DP = Demonstrativpronomen, ReP = Reflexivpronomen,
IP = Indefinitpronomen, PoP = Possessivpronomen

Was isst man beim Spargel?

Spargel ist eine der wenigen Pflanzen, bei der man den Stängel isst.

Der Spargel ist eine ganz normale Pflanze mit fein verästeltem Stängel und nadelförmigen

Blättern, er bekommt kleine weiße Blüten und rote Früchte.

Einen nahen Verwandten von ihm kennst du vielleicht als Zimmerpflanze: Es ist der Asparagus.

Jedes Jahr im Frühling treibt der Spargel aus seinem unterirdischen Wurzelstock Stängel

nach oben. Solange sie unter der Erde sind, sind sie bleich, dick, weich und haben eine dünne

Haut. Sobald sie aus der Erde sprießen, wird der Stängel hart, dünn und grün. Also häuft

man Erdhaufen von einem halben Meter Höhe über den Wurzelstock, dann entstehen lange,

weiche, dicke, dünnhäutige Sprossen – eben die Spargelsprossen, die man dann abschneidet

und kochen und essen kann.

Erntet man sie nicht, dann wachsen sie zu großen Stauden aus, die auch Blüten hervorbringen.

Die braucht man, wenn man jemals Samen vom Spargel ernten will.

(Nach: Reinhold Gayl, Renate Maderbacher: 100 Kinderfragen zur Natur. Frage 97. Wien 2003 – mit kleinen Änderungen im Satzbau)

Kompetenz-Check

Das kann ich jetzt!

Kreuze an, was zutrifft! Falls du dich bei dem einen oder anderen Punkt noch nicht sicher fühlst, blättere nochmals zurück und wiederhole diesen Abschnitt!

	Ich kann ...	Falls ich noch unsicher bin, kann ich hier nachschlagen:
☐	... die Wortarten (Nomen, Verb, Adjektiv, Adverb, Pronomen, Präposition, Konjunktion) erkennen und Beispiele richtig zuordnen.	S. 69, 70, 74
☐	... Begriffe der Wortlehre nennen und entsprechende Beispiele anführen.	S. 70, 71, 72, 73
☐	... lateinische und deutsche Fachbegriffe der Wortlehre richtig verwenden.	S. 70, 71, 72, 73

Satzlehre

Ü 92

In diesem Buchstabenfeld sind lateinische Bezeichnungen aus der Satzlehre, die du in den vergangenen Schuljahren gelernt hast, versteckt. Sie sind in Leserichtung waagrecht und senkrecht angeordnet. Findest du sie? Schreibe sie unterhalb in die Tabelle und gib ihre deutsche Bezeichnung an!

H	A	D	F	G	H	J	K	O	N	E	N	A	L	P	R	Ä	T	U	D
A	P	F	G	H	O	K	L	P	O	T	E	S	M	R	K	W	O	R	T
J	R	U	A	B	S	H	S	U	B	D	C	B	A	Ä	R	N	M	G	P
M	Ä	R	F	G	U	Ä	C	R	J	E	S	T	A	O	J	O	W	B	R
A	D	V	E	R	B	I	A	L	E	B	E	S	T	I	M	M	U	N	G
F	I	U	S	T	J	E	R	G	K	H	V	I	E	H	M	E	I	M	S
Z	K	A	Z	T	E	P	A	T	T	R	I	B	U	T	W	A	S	L	A
R	A	M	E	I	K	A	A	I	U	E	R	T	Z	G	R	B	Z	K	O
T	T	W	A	S	T	R	T	U	P	V	O	Ü	D	B	E	R	T	U	T
W	V	R	B	Z	K	I	U	I	A	R	U	Ä	E	T	V	B	N	Z	I
E	P	R	Ä	P	O	S	I	T	I	O	N	A	L	O	B	J	E	K	T
Z	R	N	A	Z	T	Z	P	Ü	A	D	M	I	W	K	A	G	L	Z	R

lateinische Bezeichnung

_____

_____

_____

_____

_____

deutsche Bezeichnung

_____

_____

_____

_____

_____

Prädikat

Das **Prädikat** (Satzaussage) wird von einem **Verb** (Zeitwort) gebildet.
Du fragst nach dem Prädikat mit „**Was wird ausgesagt?**".
Bei mehrteiligen Prädikaten steht die **Personalform** im Aussagesatz **an 2. Satzgliedstelle** und
das **aussagende Verb am Satzende**.
Beide zusammen bilden ein Satzglied. Ihre Verbindung nennt man **Verbklammer**.

Prädikate können mehrteilig sein, wenn

- das **Verb einen Zusatz hat** (z. B. an-laufen, ein-schauen, zu-schlagen).
- die **Verbformen „sein" oder „werden" einen prädikativen Zusatz haben**.
  Beispiele: Das Wetter ist heute nicht schön.
       Die Knödel werden bald kalt.
         ⟶ eine Form von „sein" und „werden" + Adjektiv
- eine **mehrteilige Zeitform** (Perfekt, Plusquamperfekt, Futur) vorliegt.
  (Hilfsverb + aussagendes Verb)
- ein **Modalverb + Verb** verwendet wird, z. B. ... können gehen, ... wollen kaufen.
- ein **reflexives** (rückbezügliches) **Verb** vorliegt.
  Beispiel: Er stützt sich auf mich.

Beispiele:

Simon (fügt) ein Wort (ein). (Verb + Zusatz) (= 3 Satzglieder)
   Verbklammer

Die Hühner (werden) von mir (gefüttert). (Hilfsverb + aussagendes Verb = 2. Partizip) (= 3 Satzglieder)
    Verbklammer

Die Buben (können) in die Garderobe (gehen). (Modalverb + Infinitiv) (= 3 Satzglieder)
     Verbklammer

Die Wolken (werden)(dunkler). (Verbform von „werden" + prädikativ gebrauchtes Adjektiv)
     Verbklammer   (= 2 Satzglieder)

Die Schüler (verhalten)(sich) ruhig. (Verb + Reflexivpronomen) (= 3 Satzglieder)
     Verbklammer

Unterstreiche das Prädikat und zeichne gegebenenfalls die Verbklammer ein!
Gib bei mehrteiligen Prädikaten an, wie sie sich zusammensetzen!

1. Am gestrigen Herbsttag (haben) wir eine Radtour (gemacht). (Hilfsverb + 2. Partizip)

2. Der Herbst ist die ideale Jahreszeit zum Wandern.

3. Doris möchte die letzten warmen Sonnenstrahlen genießen.

4. Sie stellt für sich einen Liegestuhl auf.

5. Peter freut sich auf die Weinlese.

6. Schon bald kann er süßen Most genießen.

7. Im Oktober feiert man das Erntedankfest.

8. Dafür wird dann eine Erntekrone aus Getreideähren und Weinlaub gemacht.

9. Die Tage werden kürzer und die Nächte werden länger.

10. Bald wird es kälter und wir freuen uns über den ersten Schnee.

Ü 94

Führe die Verschiebeprobe am folgenden Satz durch!
Trenne zuerst die Satzglieder voneinander durch Längsstriche! Trage dann die verschiedenen Satzvarianten in die Zeilen unterhalb ein und ziehe ebenfalls die Trennungsstriche zwischen den Satzgliedern! Vervollständige abschließend den Merksatz!

Im September werden viele Zugvögel Richtung Süden fliegen.

_____

_____

_____

_____

_____

Durch die _____ weiß ich, welche Wörter im Satz zusammengehören
(= ein _____ bilden).
Wörter, die zu einem Satzglied gehören, können nur _____ verschoben werden.
Das Prädikat (Personalform) steht im Aussagesatz immer an _____ .

Ü 95

Nimm die Sätze von Übung 93 und setze die Trennungsstriche zwischen den Satzgliedern!
Gib an, wie viele Satzglieder jeder Satz hat!

1. _____

2. _____

3. _____

4. _____

5. _____

6. _____

7. _____

8. _____

9. _____

10. _____

Subjekt

Das **Subjekt** (Satzgegenstand) sagt dir, **wer etwas tut**.
Das Subjekt wird von einem **Nomen** (Namen-, Hauptwort) oder **Pronomen** (Fürwort) gebildet.
Du fragst nach dem Subjekt mit **„Wer oder was?"**.
Das Subjekt steht immer im **Nominativ** (1. Fall).

Unterstreiche die Subjekte!

1. Morgen möchte mein Bruder eine Radtour machen.
2. Im Kurpark findet wie jedes Jahr das traditionelle Sommerkonzert der Stadtkapelle statt.
3. Ob es regnet oder ob es schneit, er geht mit seinem Hund eine Runde spazieren.
4. Am Donnerstag treffen sich Birgit und Felix zum gemeinsamen Üben.
5. „Habt ihr schon den neuesten ‚Harry Potter' gelesen?", fragte uns unsere Deutschlehrerin.
6. Nach Weihnachten fahren mein Bruder und ich auf einen Schikurs nach Schladming.
7. In der Eile konnte sie die wichtigen Unterlagen nicht finden.
8. Glaubst du ihr das?
9. Die Sonne brannte vom Himmel und die Luft flimmerte mir vor den Augen.
10. Alle Schüler unserer Klasse und alle unsere Lehrer kommen zum Schulschlussfest.
11. Vom langen Wandern brannten ihnen die Fußsohlen.
12. Kannst du mir sagen, was ich ihr sagen soll?
13. Die Freundin meines Bruders besuchte mich im Krankenhaus.
14. Ein Anzug aus dunkelgrüner Seide hängt in meinem Kasten.

Markiere in den Sätzen von Übung 93 jeweils das Subjekt!

Kompetenz-Check

Das kann ich jetzt!
Kreuze an, was zutrifft! Falls du dich bei dem einen oder anderen Punkt noch nicht sicher fühlst, blättere nochmals zurück und wiederhole diesen Abschnitt!

Ich kann ...	Falls ich noch unsicher bin, kann ich hier nachschlagen:
☐ ... die lateinischen und deutschen Bezeichnungen aus der Satzlehre nennen.	S. 75
☐ ... ein- und mehrteilige Prädikate erfragen und erkennen sowie Verbklammern einzeichnen.	S. 76
☐ ... die Verschiebeprobe durchführen und dadurch die einzelnen Satzglieder erkennen.	S. 77
☐ ... das Subjekt erfragen und erkennen.	S. 78

Objekte

Objekte (Ergänzungen) sind Satzglieder, die **zum Prädikatsteil gehören**.
Sie nennen **am Geschehen beteiligte Personen und betroffene Dinge** oder führen **nähere Umstände des Geschehens** an.

Wir unterscheiden:
- **Objekte** (reine Fallergänzungen)
- **Adverbiale Bestimmungen** (Umstandsergänzungen)
- **Präpositionalobjekte** (Vorwortergänzungen)

Reine Fallergänzungen

Fall	Fragewort	Beispiel
2. Fall (Genitiv)	Wessen?	Die Hinterbliebenen gedenken **der Toten**. (O2)
3. Fall (Dativ)	Wem?	Er vertraute **mir** ein Geheimnis an. (O3)
4. Fall (Akkusativ)	Wen oder was?	Er vertraute mir **ein Geheimnis** an. (O4)

Akkusativobjekte bezeichnen oft Gegenstände.

Dativobjekte bezeichnen meist Lebewesen.

Genitivobjekte werden sehr selten verwendet.
Meist wird ein Präpositionalobjekt (PO = Vorwortergänzung) verwendet.

(O2)

Beispiele: Die Zuhörer erfreuen sich <u>des schönen Kunstgenusses</u>.

(PO)

Die Zuhörer erfreuen sich <u>an dem schönen Kunstgenuss</u>.

Wichtig ist die **Unterscheidung zwischen Dativ und Akkusativ**.
Du kannst **Ersatzwörter** zu Hilfe nehmen: **mir** ⟶ 3. Fall (Wem?)

mich ⟶ 4. Fall (Wen oder was?)

Setze die richtige Endung (Dativ oder Akkusativ) ein!
Verwende, wenn nötig, das Ersatzwort zur Probe!

1. Kennst du diese ▢ neue ▢ Schüler, der gestern mit dem Fahrrad im Schulhof meine ▢ Freund zusammengeführt hat?
2. Er schenkte sein ▢ kleine ▢ Bruder zu seine ▢ Geburtstag eine ▢ Lederfußball.
3. In den großen Ferien besuchte sie mit mir ein ▢ Aquarellkurs.
4. Sie teilte de ▢ Apfel in drei gleich große Teile.
5. Sie versprach ihre ▢ Vater pünktlich nach Hause zu kommen.
6. Wir dankten de ▢ netten Hausherrn für de ▢ freundlichen Empfang.
7. Die Schüler versprachen de ▢ Lehrer leise zu sein.
8. Ich werde meine ▢ Chef anrufen und ih ▢ meine neue Handynummer durchgeben.
9. Ich zähle ih ▢ zu meine ▢ beste ▢ Freunden.
10. Er schenkte de ▢ Gast immer wieder de ▢ Bierkrug voll.

Gleichsetzungsglied im Nominativ und im Akkusativ

Die Verben **„sein"** und **„werden"** können eine Ergänzung im 1. Fall verlangen.
Dieses Objekt steht dann **wie das Subjekt** im 1. Fall. Diese Ergänzung nennt man
Gleichsetzungsglied im Nominativ.

(S)   (O1 Wer oder was?)

Beispiel: <u>Paul und Patrick</u> sind seit der Volksschule <u>die besten Freunde</u>.

Es gibt Verben (z. B. nennen, meinen, heißen), die eine **Gleichsetzung von zwei Ergänzungen im 4. Fall** bewirken. Die zweite Ergänzung nennt man **Gleichsetzungsglied im Akkusativ**.

(O4 Wen oder was?) (O4 Wen oder was?)

Beispiel: Er nennt <u>seinen Sitznachbarn</u> <u>einen Dummkopf</u>. (Sitznachbar = Dummkopf)

**Gib an, ob das Gleichsetzungsglied im Nominativ oder im Akkusativ steht!
Unterstreiche das Subjekt und das Gleichsetzungsglied im Nominativ bzw.
das Objekt im 4. Fall und das Gleichsetzungsglied im Akkusativ!**

1. Mein Vater ist Lehrer an einer Berufsschule.
2. Alle Schüler dieser Klasse sind Vorzugsschüler.
3. Sie heißt den rasanten Autofahrer einen Rowdy.
4. Franz ist in unserer Klasse der beste Kopfrechner.
5. In unserer Schule war die vorjährige 4B die schlimmste Klasse.
6. Mein boshafter Nachbar hieß mich einen Taugenichts.
7. Frau Gruber war letztes Jahr unsere Werklehrerin.
8. Gabi nennt meinen Bruder einen Draufgänger.
9. Dieser Vogel ist ein Bienenfresser.
10. „Spongebob" ist eine Zeichentrickserie.

**Unterstreiche alle (reinen) Fallergänzungen im Text und schreibe das Fragewort
und den Fall darüber! Achte auf mögliche Gleichsetzungsglieder!**

Wie kommt der Honig in die Bienenwaben?

Der Honig wird von den Bienen selber hergestellt.
Sie wandeln den Nektar, den sie aus den Blüten saugen, in Honig um.
Nektar ist Zuckerwasser.
Auch wir Menschen können Nektar kosten. Man muss bloß die Blüten vom Wiesenklee oder auch von der Taubnessel ausreißen und am hinteren Ende saugen, dann bekommt man tröpfchenweise den süßen Saft.
Die Bienen haben eine Art Saugrüssel mit einer kleinen Pumpe und dazu noch eine Art Zunge, mit der sie noch die letzten Nektartröpfchen auflecken können.
Sie nehmen den Zuckersaft aber nicht in den Magen auf, da würde er ja verdaut werden.
Er landet in einem sogenannten Honigmagen. Dort wird der Zuckersaft langsam Honig.
Und diesen gibt die Biene durch den Mund ab und stopft ihn in die Zellen der Wabe.

Der Zweck dieses Superfutters ist es, die Larven zu füttern, die bei den Bienen wie kleine weiße Würmchen aussehen und sehr viel essen müssen, damit sie groß werden, sich verpuppen und als Biene schlüpfen können.

Im Herbst gibt es keine Larven mehr. Dann ist der Honig das Winterfutter und die Wabe ist die Speicherkammer. Wenn der Imker den Bienen den Honig wegnimmt, muss er ihnen stattdessen starken Zuckersaft bieten. Den kann er nämlich aus Wasser und Zucker zusammenmischen. Honig herstellen aber kann nur die Biene!

(Nach: Reinhold Gayl, Renate Maderbacher: 100 Kinderfragen zur Natur. Frage 66. Wien 2003 – mit leichten Textänderungen in Bezug auf den Satzbau.)

Adverbiale Bestimmungen

Adverbiale Bestimmungen (Umstandsergänzungen) geben **Ort, Zeit, Grund** und **Art und Weise** eines Geschehens genauer an.

Wir unterscheiden:
- **Ortsergänzung/OE** (lokal): Wo? Woher? Wohin? Wie weit?
  Susi sitzt <u>in der ersten Bankreihe</u>. **Wo?**
- **Zeitergänzung/ZE** (temporal): Wann? Wie lange? Wie oft? Seit wann? Bis wann?
  Bernd wartet <u>seit Mittag</u> auf dich. **Seit wann?**
- **Begründungsergänzung/BE** (kausal): Warum? Weshalb? Wieso? Weswegen?
  Tobias übt <u>wegen der bevorstehenden Schularbeit</u>. **Warum? Weshalb?**
- **Artergänzung/AE** (modal): Wie? In welcher Art?
  Mein kleiner Bruder geht <u>sehr gerne</u> in die Schule. **Wie?**

101

Diese Wortschlange besteht aus Fragewörtern, mit denen du nach Umstandsergänzungen fragst. Trenne die Fragewörter durch Trennungsstriche voneinander ab und ordne sie in die richtigen Zeilen!

WOWESHALBWIESOWANNWOHERWIELANGESEITWANNBISWANNWIEWESWEGENWIEOFTWOHININWELCHERARTWIEWEITWARUM

Fragewörter nach
Ortsergänzung: _____

Zeitergänzung: _____

Begründungsergänzung: _____

Artergänzung: _____

Ordne die angegebenen adverbialen Bestimmungen (Umstandsergänzungen) in die richtigen Zeilen unterhalb!

102

um Mitternacht – sehr langsam – ohne Sicherheitsgurt – im See – eines Morgens – am Hauptplatz – wegen der nassen Fahrbahn – nach 15 Uhr – beim Eingang – im Laufen – um des lieben Friedens willen – wie ein Irrer – zwei Jahre lang – aus Sorge – nach Wien – aus Eifersucht – in wenigen Minuten – im schnellsten Flugzeug – wegen seines Urlaubs – schreckhaft – in der letzten Reihe – in letzter Sekunde – launenhaft – vom Himmel – vor Wut – in Kürze – ergebnislos – aus Liebe – im heftigsten Sturm – von rechts – zum Eingang

Ortsergänzung: _____

_____

_____

Zeitergänzung: _____

_____

_____

Begründungsergänzung: _____

_____

_____

Artergänzung: _____

_____

_____

Markiere alle Umstandsergänzungen! Schreibe das Fragewort darüber und gib an, um welche Umstandsergänzung (OE, ZE, BE, AE) es sich handelt!

103

1. Der Unbekannte wartete nach Sonnenuntergang am Hintereingang der Sporthalle.

2. Wegen Stromausfalls blieb heute der Aussichtsturm geschlossen.

3. Tröpfchenweise verabreichte sie dem Vogeljungen stündlich Wasser.

4. Der Wartende wurde langsam ungeduldig.

5. Nächste Woche werden wir in der Messe Wien die Buchausstellung besuchen.

6. Viktor konnte vor Aufregung nicht reden.

7. Ein Strafzettel steckte vorgestern hinter dem Scheibenwischer meines Autos.

8. Die Gesprächrunde der Politiker endete ergebnislos.

9. Zwei Wochen lang isst sie konsequenterweise keine Süßigkeiten.

10. Sie werden in Kürze mit der gewünschten Stelle verbunden werden.

11. Wir kamen wegen der spiegelglatten Fahrbahn nur langsam voran.

12. Susanne konnte ihre Brille nirgends finden.

Präpositionalobjekte

Präpositionalobjekte (Vorwortergänzungen) sind Objekte im 2., 3. oder 4. Fall, denen **eine Präposition** (Vorwort) vorausgeht.
Die **Präposition** ist **mit dem Verb fest verbunden** und dient dazu, ein Nomen anzuschließen.
Zum Fragewort nach dieser Ergänzung **tritt die Präposition hinzu**.
Dativ: Präposition + Wem?
Akkusativ: Präposition + Wen oder was?

Beispiele:

Präp. Nomen

Die Tasche besteht <u>**aus** Leder</u>. (Ersatz: dar**aus**)
Wor**aus**? Präpositionalobjekt (**PO**) im <u>3. Fall</u>: Die Tasche besteht wor**aus**?

Susanne kümmert sich <u>**um** das Fest</u>. (Ersatz: dar**um**)
Um wen oder was? Wor**um**? PO im <u>4. Fall</u>: Sie kümmert sich **um** <u>wen oder was</u>?

Präpositionalobjekte (PO) können mit **adverbialen Bestimmungen** (Umstandsergänzungen) verwechselt werden.
Achte auf das Fragewort!
Bei einem Präpositionalobjekt findet sich **im Fragewort die Präposition** wieder.

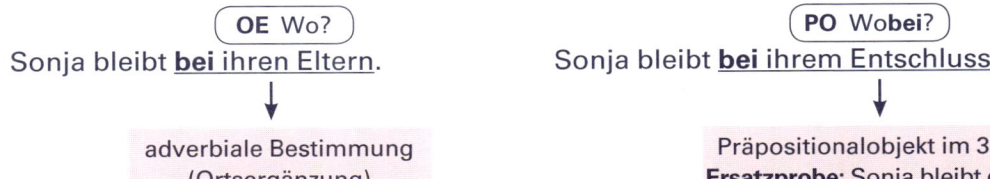

(**OE** Wo?)
Sonja bleibt <u>**bei** ihren Eltern</u>.
↓
adverbiale Bestimmung
(Ortsergänzung)

(**PO** Wobei?)
Sonja bleibt <u>**bei** ihrem Entschluss</u>.
↓
Präpositionalobjekt im 3. Fall
Ersatzprobe: Sonja bleibt dabei.

Unterstreiche die Präpositionalobjekte (Vorwortergänzungen) und gib die möglichen Fragewörter und den Fall an!

1. Meine Freundin und ich suchen nach passenden Kleidern.
2. Die Kinobesucher warten auf Einlass.
3. Es liegt am Föhneinbruch, dass ich Kopfweh habe.
4. Das Baby schreit nach seiner Mutter.
5. Meine Geschwister suchen im Garten nach Ostereiern.
6. Ich erinnere mich an sie.
7. Die Mannschaft freut sich über den errungenen Sieg.

Gib an, ob ein Präpositionalobjekt (PO) oder eine Umstandsergänzung (OE, ZE, BE, AE) vorliegt! Schreibe das Fragewort dazu! Gib beim Präpositionalobjekt jeweils den Fall an!

1. Der Radfahrer erkundigt sich nach dem nächsten Gasthaus.
2. Großvater erzählt von seinen Erlebnissen als Matrose.
3. Bei Rauch schaltet sich der Brandmelder automatisch ein.
4. Seit 20 Jahren wohnen meine Eltern in diesem Haus.
5. Die Schüler warten über eine Stunde auf den Bus.
6. Die Verunglückten hoffen auf eine baldige Rettung.
7. Am Abend wartet der Hund vor dem Haus auf sein Herrchen.

Schlusstest zu den Objekten

Bestimme alle Ergänzungen (reine Fallergänzungen, Umstandsergänzungen und Vorwortergänzungen)! Schreibe die Fragewörter und gegebenenfalls den Fall dazu!

1. Der Katzenliebhaber nimmt sich der verwilderten Katze an.
2. Sie müssen der Dogge den Beißkorb umhängen!
3. Wir warteten vor der Tür auf ihn.
4. Silvester feiern wir dieses Jahr nicht zu Hause.
5. Er setzte sich für die Straßenkinder Rumäniens ein.
6. Mit großer Sorge blickte sie Richtung Lawinenhügel.
7. Schnell versteckte er sich unter dem Stiegenaufgang.
8. Sie vermachte mir ihre gesamte Bibliothek.
9. Aus Angst hatte er die Schi abgeschnallt und ging zu Fuß den Hang hinunter.
10. Er sorgte sich um die Zurückgelassenen.

Gib an, ob ein Präpositionalobjekt (PO) oder eine Umstandsergänzung vorliegt! Schreibe das Fragewort dazu! Gib beim Präpositionalobjekt jeweils den Fall an und bei der Umstandsergänzung, um welche es sich handelt (OE, ZE, BE, AE)!

1. Ich sitze am Swimmingpool und trinke eine eisgekühlte Limonade.

   _____

2. Unter dem Dach des Gartenhäuschens sitzen wir beim Abendessen.

   _____

3. Dieses Insektenschutzmittel brennt auf der Haut.

   _____

4. Schnell rannte er ans Ufer.

   _____

5. Valentin isst mit einem Suppenlöffel sein Jogurt, und Dominik rührt mit einem Kaffeelöffel die Suppe um.

   _____

6. Tobias sitzt am Computerschreibtisch und Tina schläft im Bett.

   _____

7. Sie kümmerte sich um den kranken Vogel.

   _____

8. Neben dem alten Schuppen pflanzte sie einige Blumen und setzte Ziersträucher.

   _____

9. Um 19 Uhr sollen wir bei der Bushaltestelle auf ihn warten.

   _____

10. Der Bergsteiger hielt über seine diesjährigen Gipfelbesteigungen einen Vortrag.

    _____

11. Simone schrieb dieses Erlebnis in ihr Tagebuch.

    _____

DEUTSCH 4

Grammatik

Kompetent
Aufsteigen...

4. Klasse AHS·NMS

Lösungen

1

J	A	Z	U	K	O	N	J	U	N	K	T	I	O	N	I	N	G
M	L	P	R	F	G	K	Ä	C	H	R	I	E	S	T	N	B	B
N	P	R	Ä	P	O	S	I	T	I	O	N	B	N	U	T	D	N
F	O	O	U	Z	T	R	E	R	T	G	U	H	V	I	E	F	M
Z	R	N	A	Z	T	Z	P	Ü	A	D	M	I	W	K	R	G	L
R	N	O	M	E	N	T	A	A	D	V	E	R	B	I	J	N	I
T	B	M	W	A	S	S	R	T	J	U	R	V	O	Ü	E	B	U
W	V	E	R	B	Z	J	I	U	E	I	A	R	T	I	K	E	L
I	U	N	E	R	T	Z	Q	U	K	J	L	O	Z	Ü	T	P	E
Y	X	C	V	B	N	M	Ä	K	T	Z	E	Q	Z	O	I	O	R
H	A	S	D	F	G	H	J	K	I	O	X	E	N	A	O	O	T
A	S	D	F	G	H	J	K	L	V	P	N	T	E	S	N	A	I

2 Der (**A**) Professor (**N**) fragt (**V**) Michael (**N**), ob (**Konj**) er (**Pr**) 27 (**Zahl**) durch (**Präp**) drei (**Num**) teilen (**V**) könne (**V**).
„Ja (**Int**)! Zehn (**Num**), zehn (**Num**) und (**Konj**) sieben (**Num**)!", antwortet (**V**) dieser (**Pr**).
Der (**A**) staunende (**V**) Mathematiklehrer (**N**) schüttelt (**V**) sehr (**Adv**) heftig (**Adj**) seinen (**Pr**) Kopf (**N**).
„Von (**Präp**) gerechter (**Adj**) Teilung (**N**) war (**V**) nicht (**Adverb**) die (**A**) Rede (**N**)",
schmunzelt (**V**) der (**A**) freche (**Adj**) Schüler (**N**).

3 koche, hast, ist, stehst, lagen, ließ, rieb, werde, nimmst, fraßen

4

Infinitiv	1. Partizip	2. Partizip
wischen	wischend	gewischt
schweigen	schweigend	geschwiegen
grüßen	grüßend	gegrüßt
lesen	lesend	gelesen
reißen	reißend	gerissen
schieben	schiebend	geschoben
anmalen	anmalend	angemalt
schwören	schwörend	geschworen
schrubben	schrubbend	geschrubbt
nörgeln	nörgelnd	genörgelt

5

1. Stammform	2. Stammform	3. Stammform	Beugung
grüßen	grüßte	gegrüßt	schwach
nachdenken	dachte nach	nachgedacht	gemischt
aufwaschen	wusch auf	aufgewaschen	stark
rennen	rannte	gerannt	gemischt
auffressen	fraß auf	aufgefressen	stark

nennen	nannte	genannt	gemischt
frieren	fror	gefroren	stark
wenden	wandte	gewandt	gemischt
wenden	wendete	gewendet	schwach
senden	sandte	gesandt	gemischt
senden	sendete	gesendet	schwach
bügeln	bügelte	gebügelt	schwach
brennen	brannte	gebrannt	gemischt
schließen	schloss	geschlossen	stark
kennen	kannte	gekannt	gemischt
vorlesen	las vor	vorgelesen	stark
melken	melkte	gemelkt	schwach
melken	molk	gemolken	stark
nachsenden	sendete nach	nachgesendet	schwach
nachsenden	sandte nach	nachgesandt	gemischt

---

(6) **bleichen:** Die Sonne bleichte <u>die Zeitschriften</u> aus. (bleichen – bleichte – gebleicht, schwach)
Dieser Vorhang verblich. (verbleichen – verblich – verblichen, stark)

hängen: Er hängte <u>den Jahresplaner</u> in der Klasse auf. (hängen – hängte – gehängt, schwach)
Das Plakat hing an der Wand. (hängen – hing – gehangen, stark)

löschen: Die Feuerwehr löschte <u>das Feuer</u> sehr rasch. (löschen – löschte – gelöscht, schwach)
Das Feuer der Kerze erlosch. (erlöschen – erlosch – erloschen, stark)

---

(7) **senden:** Das Fernsehen sendete (übertragen, ausstrahlen) im Nachmittagsprogramm lustige Filme. (senden – sendete – gesendet)
Die bestellte DVD sandte (schicken) sie uns per Post. (senden – sandte – gesandt)

wiegen: Mutter wiegte (schaukeln) meine kleine Schwester in den Schlaf.
(wiege – wiegte – gewiegt)
Ich wog (Gewicht bestimmen) die Erdbeeren auf der Obstwaage ab.
(wiege – wog – gewogen)

wenden: Wir wandten (Unterstützung suchen) uns mit diesem Problem an den Schulsprecher. (wenden – wandte – gewandt)
Der Fahrer wendete (umdrehen) den Lastwagen in dieser weiten Kurve.
(wenden – wendete – gewendet)

---

(8)
1. Lies dir deine Schularbeit nochmals durch!
2. Er hält an unserer Schule den Rekord im Weitspringen.
3. Dabei brichst du sicherlich den Bleistift ab!
4. Erika bläst die Kerzen am Adventkranz aus.
5. Wo fährt Vater hin?
6. Felix trifft beim Darts schon zum zweiten Mal in die Mitte.
7. Brigitte vertritt sich noch schnell die Beine.
8. Sie misst gerade die Länge des Stoffes.
9. Frederik stiehlt der Henne unbemerkt drei Eier aus dem Nest.
10. Warum trägst du die schwere Schultasche nicht am Rücken?

---

(9)
1. Die Münze fiel in den Brunnen.
2. Die Amsel fraß den Regenwurm.
3. Es geschah am helllichten Tag.

4

4. Unser Hund grub ein Loch für seinen Knochen.
5. Sie trug zu diesem Anlass ein schwarzes Kleid.
6. Dieses Gerät maß die Feuchtigkeit in der Wand.
7. Die gefährliche Schlange kroch unter den Teppich.
8. Er lud die ganze Klasse zu seiner Geburtstagsparty ein.
9. Gregor kniff die Augen ganz fest zusammen.
10. Sabrina flocht mir einen schönen Zopf.

 1. <u>pressen</u> – essen – fressen : er presste – er aß – er fraß
2. taufen – <u>laufen</u> – schnaufen : er taufte – er lief – er schnaufte
3. <u>heben</u> – schweben – weben : er hob – er schwebte – er webte
4. sprechen – stechen – <u>rechen</u> : er sprach – er stach – er rechte
5. streiten – <u>verbreiten</u> – reiten : er stritt – er verbreitete – er ritt
6. <u>treten</u> – kneten – beten : er trat – er knetete – er betete
7. wagen – <u>schlagen</u> – sagen : er wagte – er schlug – er sagte
8. biegen – fliegen – <u>siegen</u> : er bog – er flog – er siegte
9. <u>verlassen</u> – verpassen – verblassen : er verließ – er verpasste – er verblasste
10. messen – essen – <u>pressen</u> : er maß – er aß – er presste

(11)

Infinitiv	finite Form	Bestimmung
besitzen	wir besitzen	1. Pers. Pl., Präsens
rufen	du riefst	2. Pers. Sg., Präteritum
sägen	sie haben gesägt	3. Pers. Pl., Perfekt
segnen	er segnete	3. Pers. Sg., Präteritum
blättern	du wirst blättern	2. Pers. Sg., Futur I
abschneiden	ich schnitt ab	1. Pers. Sg., Präteritum
nummerieren	sie hatten nummeriert	3. Pers. Pl., Plusquamperfekt
ausbessern	sie wird ausbessern	3. Pers. Sg., Futur I
abzählen	ich habe abgezählt	1. Pers. Sg., Perfekt
fressen	es frisst	3. Pers. Sg., Präsens

 Infinite Verbformen, **finite Verbformen**

Mit Tiernamen **muss** (3 Pers. Sg.) man sehr <u>aufpassen</u> (Infinitiv). Sie **wurden** (3. Pers. Pl.) nämlich von Leuten <u>gegeben</u> (2. Partizip), die keine Wissenschaftler **waren** (3. Pers. Pl.). Sie **haben** (3. Pers. Pl.) Tiere oft einfach nach der Ähnlichkeit <u>bezeichnet</u> (2. Partizip), z. B. alle kleinen herzigen wolligen Säugetiere als Maus.
Das **muss** (3. Pers. Sg.) aber gar nicht <u>stimmen</u> (Infinitiv). **Denke** (Imperativ, Sg.) nur an die Fledermaus, die auch keine Maus **ist** (3. Pers. Sg.). Echte Mäuse **sind** (3. Pers. Pl.) nämlich eine ganz bestimmte Gruppe von Nagetieren, zu ihnen **gehört** (3. Pers. Sg.) z. B. auch die Ratte, die gar nicht „Maus" **heißt** (3. Pers. Sg.)! Spitzmäuse aber **sind** (3. Pers. Pl.) nicht einmal Nagetiere, sondern Insektenfresser! Ihre nächsten Verwandten **sind** (3. Pers. Pl.) bei uns der Igel und der Maulwurf.
Ein Blick ins Mäulchen – und alles **ist** (3. Pers. Sg.) klar: Mäuse **haben** (3. Pers. Pl.) oben und unten je zwei lange Nagezähne (wie ein Meerschweinchen oder ein Goldhamster), Spitzmäuse **haben** (3. Pers. Pl.) viele kleine spitze Zähnchen, sie **sehen aus** (3. Pers. Pl.) wie ein kleines Raubtier, wenn sie das Mäulchen **aufreißen** (3. Pers. Pl.). (...)
Spitzmäuse **brauchen** (3. Pers. Pl.) <u>lebende</u> (1. Partizip) Beute, also Käfer, Würmer, Raupen. Und damit **sind** (3. Pers. Pl.) sie in einem Acker und im Garten überaus nützlich, weil sie Insekten **fressen** (3. Pers. Pl.), die sonst vielleicht Schaden <u>anrichten</u> (Infinitiv) **könnten** (3. Pers. Pl.).

(14)
1. wir lernen (Vollverb)
2. er möchte (Modalverb) schlafen (Vollverb)
3. sie hat (Hilfsverb) gesprochen (Vollverb)
4. du musst (Modalverb) austrinken (Vollverb)
5. ich werde (Hilfsverb) verreisen (Vollverb)
6. sie scheinen (modifizierendes Verb) zu kommen (Vollverb)
7. er hatte (Hilfsverb) angerufen (Vollverb)
8. ich war (Hilfsverb) gekommen (Vollverb)
9. du vermutest (Vollverb)
10. er ist (Hilfsverb, aber hier als Vollverb verwendet) langsam (Adjektiv)

---

(15)

es blüht (Vollverb, Indikativ)

Fülle das aus! (Vollverb, Imperativ)

er goss ein (Vollverb, Indikativ)

sie weinte (Vollverb, Indikativ
 oder Konjunktiv II)

wir wollen (Modalverb, Indikativ)

sie wolle (Modalverb, Konjunktiv I)

er spräche (Vollverb, Konjunktiv II)

ihr fasset (Vollverb, Konjunktiv II)

du hast (Hilfsverb, Indikativ)

Trinkt aus! (Vollverb, Imperativ)

sie müsse (Modalverb, Konjunktiv I)

Käme er endlich! (Vollverb, Konjunktiv II)

wir möchten (Modalverb, Indikativ oder
 Konjunktiv I)

sie möge (Modalverb, Konjunktiv I)

---

(16)

Indikativ	**Konjunktiv I + II**	**Imperativ**
schlafe, schläfst	schliefe, schlafe	schlaf, schlaft
nimmt, nehme, nimmst	nehme, nähme	nimm, nehmt
lassen, ließ, lässt	lasse, ließe	lass, lasset
zeigen, zeige, zeigst, zeigte, zeigt	zeige, zeigte	zeig, zeigt

---

(17)
1. Jutta scheint glücklich in der neuen Schule <u>zu sein</u>.
   Jutta scheint in der neuen Schule glücklich <u>zu sein</u>.
2. Felix möchte nächstes Jahr die HTL <u>besuchen</u>.
   Felix möchte die HTL nächstes Jahr <u>besuchen</u>.
3. Robert will ein neues Fahrrad <u>haben</u>.
4. Sandra darf sich ein neues Kleid im Sommerschlussverkauf <u>kaufen</u>.
   Sandra darf sich im Sommerschlussverkauf ein neues Kleid <u>kaufen</u>.
5. Daniela hofft rechtzeitig da <u>zu sein</u>.
6. Gabi meint die Kinokarte verloren <u>zu haben</u>.
7. Oliver muss um 23 Uhr zu Hause <u>sein</u>.
8. Theo glaubt koffeinfreien Kaffee <u>zu trinken</u>.
9. Petra braucht nicht <u>mitzuturnen</u>.
10. Veronika wünscht sich ein Gut auf die Schularbeit <u>zu bekommen</u>.
    Veronika wünscht sich auf die Schularbeit ein Gut <u>zu bekommen</u>.

---

(18)
1. Das Gespräch mit Pauls Lehrerin am Elternsprechtag ist äußerst gut verlaufen.
2. Er hat den Schicksalsschlag ziemlich gut verkraftet.
3. Unser Hündin bekommt wahrscheinlich Junge.
4. Das Steak war fast nicht zu essen.
5. Großvater wird hoffentlich morgen auf die Kinder aufpassen.
6. Bernhard schießt meistens ein Tor.
7. Karoline hat den Treffpunkt sicherlich vergessen.

8. Felix löst gewiss das Rätsel.
9. Die Bahn hat vermutlich Verspätung.
10. Die Öffnungszeiten haben sich teilweise geändert.

 1. Die Lehrerin lobt den neuen Schüler, <u>sie</u> <u>freue</u> sich über <u>seine</u> gute Schularbeit.
2. Der Klassensprecher behauptet, keiner <u>seiner</u> Mitschüler <u>habe</u> die Tafel beschmiert.
3. Die Frau am Schulbuffet fragt mich, ob <u>ich</u> einen Toast oder ein Hotdog <u>wolle</u>.
4. Die Putzfrau warnt die Schülerin, <u>sie</u> <u>solle</u> (<u>möge</u>) auf den nassen, rutschigen Fußboden achten.
5. Babsi fragt mich, ob <u>ich</u> <u>ihr</u> die Mathematikhausübung nochmals <u>erklären könne</u>.
6. Tanja brüllte ihren Banknachbarn an, <u>er</u> <u>solle</u> <u>seine</u> Füße von <u>ihrer</u> Schultasche geben.
7. Edith jubelt, <u>sie</u> <u>habe</u> null Fehler beim Musiktest.
8. Petra sagte zu mir, <u>meine</u> neue Frisur <u>gefalle</u> <u>ihr</u> sehr gut.
9. Meine Freundin meint, <u>ich</u> (<u>finde</u>) <u>fände</u> nie die richtigen Worte.
10. Der Zahnarzt ermahnt mich, <u>ich</u> <u>solle</u> <u>meine</u> Zähne ordentlicher putzen.

 2. Der Klassensprecher behauptet, dass keiner seiner Mitschüler die Tafel beschmiert habe.
6. Tanja brüllte ihren Banknachbarn an, dass er seine Füße von ihrer Schultasche geben solle.
8. Petra sagte zu mir, dass ihr meine neue Frisur sehr gut gefalle.
9. Meine Freundin meint, dass ich nie die richtigen Worte fände.
10. Der Zahnarzt ermahnt mich, dass ich meine Zähne ordentlicher putzen solle.

 1. Unser Klassenvorstand hat uns versprochen, er **werde** mit uns am Schulschluss eine Abschlussparty organisieren.
2. Ich fragte den Polizisten, ob es möglich **sei**, hier zu parken.
3. Sie behauptet, ich **sänge** im Chor als Einzige falsch.
4. Unser Direktor erklärte uns, wir **müssten** uns für eine bessere Schulgemeinschaft einsetzen.
5. Sie gab mir den Tipp, dass ich diesen Ersatzteil auch per Internet bestellen **könne**.
6. Einige Schülerinnen meinten, sie **kämen** auch ohne Üben bei der Schularbeit zurecht.
7. Peter behauptete, ich **würde** alle Kekse allein **aufessen**. (... ich **äße** alle Kekse allein **auf**.)
8. Die Vermieterin erklärte mir, ich **dürfe** mir von der Wohnung nicht zu viel erwarten.
9. Sie sagten, sie **würden** bereits 20 Minuten auf das Taxi **warten**.
10. Meine Großmutter erzählte mir, sie **lese** jeden Tag die Zeitung und **höre** abends immer die Nachrichten im Radio.

 Ich sitze vor dem Fernseher und schaue mir eine Serie an, in der drei Schwestern übersinnliche Kräfte besitzen und diese auch immer wieder einsetzen.
<u>Besäße</u> ich übersinnliche Fähigkeiten und <u>hätte</u> magische Kräfte in mir, ich <u>würde</u> mir meinen schulischen Alltag sehr erleichtern.
Als Erstes <u>zauberte</u> ich mir Hausübungshefte für jedes Unterrichtsfach herbei, die sich jeden Tag selbstständig mit den aufgegebenen Aufgaben füllen <u>würden</u>.
Weiters <u>würde</u> ich meine Merkfähigkeit in der Weise steigern, dass ich einmal Gehörtes nie wieder <u>vergäße</u>. Stundenwiederholungen und Lernzielkontrollen <u>wären</u> für mich dann ein Kinderspiel und bei Schularbeiten und Tests <u>hätte</u> ich keine Schwierigkeiten.
<u>Stellte</u> man mir dennoch Fragen, die ich nicht beantworten <u>könnte</u>, so <u>würde</u> ich eine geistige Verbindung zum Gehirn des Lehrers herstellen. Mit meinen übersinnlichen

Fähigkeiten <u>nähme</u> ich Einblick, und die Lösung <u>wäre</u> so für mich leicht nachvollziehbar. Da ich aber leider keine Zauberkräfte wie diese drei Hexen aus der Vorabendserie besitze, muss ich weiter „büffeln" und Zeit und Fleiß für mein Wissen einsetzen. Aber etwas <u>könnte</u> ich doch machen:
Ich <u>könnte</u> meine Merkfähigkeit durch Konzentrationsübungen fördern und meine schulische Organisation erweitern (Hausübungen nicht vergessen, nicht erst in letzter Minute mit dem Lernen beginnen ...) und mir so den Schulalltag zumindest erleichtern.

23

Konjunktiv II	**Konjunktiv I**
besäße	besitze
hätte	habe
würde	werde
zauberte	zaubere
vergäße	vergesse
stellte	stelle
könnte	könne
nähme	nehme
wäre	sei

24

Vorgangspassiv:

Präsens:	Das Klassenbuch wird gebracht.
Präteritum:	Das Klassenbuch wurde gebracht.
Perfekt:	Das Klassenbuch ist gebracht worden.
Plusquamperfekt:	Das Klassenbuch war gebracht worden.
Futur I:	Das Klassenbuch wird gebracht werden.
Futur II:	Das Klassenbuch wird gebracht worden sein.

Zustandspassiv:

Präsens:	Die Bibliothek ist aufgesperrt.
Präteritum:	Die Bibliothek war aufgesperrt.
Perfekt:	Die Bibliothek ist aufgesperrt gewesen.
Plusquamperfekt:	Die Bibliothek war aufgesperrt gewesen.
Futur I:	Die Bibliothek wird aufgesperrt sein.
Futur II:	Die Bibliothek wird aufgesperrt gewesen sein.

25

1. Georg <u>möchte</u> Mechaniker werden. **Präsens, Aktiv, Indikativ**
2. Sophie <u>arbeitete</u> in den Ferien als Kellnerin. **Präteritum, Aktiv, Indikativ**
3. In den nächste Ferien <u>werde</u> ich wieder bei der Post arbeiten. **Futur I, Aktiv, Indikativ**
4. Daniel <u>war</u> im Betrieb seines Vaters als Ferialpraktikant angestellt gewesen. **Plusquamperfekt, ZP, Indikativ**
5. Wenn er doch verlässlicher <u>wäre</u>! **Präteritum, Aktiv, Konjunktiv II**
6. Andreas <u>wird</u> in den nächsten Ferien wieder in dieser Firma angestellt werden. **Futur I, VP, Indikativ**

26

1. VP: Der Kundendienst wurde angerufen.
2. ZP: Noch niemals ist die Handballmannschaft unserer Schule besiegt worden.
3. VP: Der Fisch wird mit Petersilie garniert.
4. VP: Die Maturanten unserer Schule sind im Parlament begrüßt worden.
5. VP: Die Tapete wurde mit Kleister bestrichen.

6. VP: Der Holzboden ist mit einer besonderen Paste aus Bienenwachs poliert worden.
7. ZP: Die Marmelade ist in Gläser gefüllt.
8. ZP: Der Brand war in wenigen Minuten gelöscht.

---

27 **singen:**

Präsens:	ich singe, du singst, er singt, wir singen, ihr singt, sie singen
Präteritum:	ich sang, du sangst, er sang, wir sangen, ihr sangt, sie sangen
Perfekt:	ich habe gesungen, du hast gesungen, er hat gesungen, wir haben gesungen, ihr habt gesungen, sie haben gesungen
Plusquamperfekt:	ich hatte gesungen, du hattest gesungen, er hatte gesungen, wir hatten gesungen, ihr hattet gesungen, sie hatten gesungen
Futur I:	ich werde singen, du wirst singen, er wird singen, wir werden singen, ihr werdet singen, sie werden singen
Futur II:	ich werde gesungen haben, du wirst gesungen haben, er wird gesungen haben, wir werden gesungen haben, ihr werdet gesungen haben, sie werden gesungen haben

wandern:

Präsens:	ich wandere, du wanderst, er wandert, wir wandern, ihr wandert, sie wandern
Präteritum:	ich wanderte, du wandertest, er wanderte, wir wanderten, ihr wandertet, sie wanderten
Perfekt:	ich bin gewandert, du bist gewandert, er ist gewandert, wir sind gewandert, ihr seid gewandert, sie sind gewandert
Plusquamperfekt:	ich war gewandert, du warst gewandert, er war gewandert, wir waren gewandert, ihr wart gewandert, sie waren gewandert
Futur I:	ich werde wandern, du wirst wandern, er wird wandern, wir werden wandern, ihr werdet wandern, sie werden wandern
Futur II:	ich werde gewandert sein, du wirst gewandert sein, er wird gewandert sein, wir werden gewandert sein, ihr werdet gewandert sein, sie werden gewandert sein

---

28
1. Ich <u>werde</u> morgen in Biologie ein Referat über Wale <u>halten</u>. (Futur I)
2. Gestern <u>hat</u> noch die Sonne auf uns <u>herabgebrannt</u>, heute <u>regnet</u> es in Strömen. (Perfekt/Präsens)
3. Ulrike <u>ist</u> ihr vorgestern im Park <u>begegnet</u>. (Perfekt)
4. Meine Oma <u>hört</u> sich gerne alte Schlager im Radio <u>an</u>. (Präsens)
5. Klaus <u>genoss</u> die freien Tage zu Ostern. (Präteritum)
6. Bald <u>werden</u> wir wieder <u>zusammen sein können</u>. (Futur I)
7. Gertrud <u>hatte</u> ihren Schirm bei uns <u>vergessen</u>. (Plusquamperfekt)
8. Unter dem Baum <u>liegt</u> ein schlafender Mann. (Präsens)
9. Felix <u>musste</u> noch längere Zeit <u>warten</u>. (Präteritum)
10. Hannes <u>wird</u> mit dem Rad gekommen <u>sein</u>. (Futur II)

29
1. Ich gehe gerade bei deinem Haus vorbei. (Präsens – Gegenwärtiges)
2. 1939 bricht der Zweite Weltkrieg aus. (Präsens – Vergangenes)
3. Damals hat es noch kein elektrisches Licht gegeben. (Perfekt – Vergangenes)
4. Wien liegt an der Donau. (Präsens – allgemein gültig)
5. Seit 1995 fährt meine Großmutter dorthin auf Sommerfrische. (Präsens – Vergangenes, das bis in die Gegenwart wirkt)

6. Wir werden nach Mitternacht ankommen. (Futur I – Zukünftiges)
7. Sie wird das Wechselgeld wieder vergessen haben.
   (Futur II – Vergangenes, Vermutung)
8. In 15 Minuten ist er sicherlich wieder da. (Präsens, Zukünftiges, Vermutung)
9. Von 1970 bis 1982 besucht meine Mutter die Schule und anschließend studiert sie
   sechs Jahre an der Universität. (Präsens – Vergangenes)

30
1. Nachdem unsere Lehrerin die Arbeitsblätter **ausgeteilt hatte**, erläuterte sie uns nochmals die Fragen. (V)
2. Als sie gerade den Telefonhörer **aufgelegt hat**, läutet schon wieder das Telefon. (V)
3. Sooft ich meine Oma **besuche**, erzählt sie mir von ihrer Schulzeit. (G)
4. Wir fahren erst los, nachdem wir uns **angegurtet haben**. (V)
5. Wir räumen das Zimmer erst dann zusammen, wenn die Kinder **gegangen sind**. (V)
6. Nachdem die Sonne **aufgegangen war**, brachen die Wanderer auf. (V)
7. Sowie ich am Flughafen in Schwechat **gelandet bin**, rufe ich dich an. (V)
8. Während wir auf den nächsten Zug **warteten**, unterhielt sich mein Freund mit anderen Reisenden. (G)
9. Er schlief ein, sobald er das Schlafmittel **eingenommen hatte**. (V)
10. Ehe dieser Test **abgegeben wird**, überprüfe ich ihn nochmals. (N)

31

1. Stammform	2. Stammform	3. Stammform	Beugung
gehen	ging	gegangen	stark
sein	war	gewesen	stark
haben	hatte	gehabt	schwach
geben	gab	gegeben	stark
heben	hob	gehoben	stark
mögen	mochte	gemocht	gemischt
preisen	pries	gepriesen	stark
schaffen	schaffte	geschafft	schwach
aufschneiden	schnitt auf	aufgeschnitten	stark
wissen	wusste	gewusst	gemischt
werden	wurde	geworden	stark
abwiegen	wog ab	abgewogen	stark
wollen	wollte	gewollt	schwach

32 Es gibt **3** Zeitstufen:
Gegenwärtiges (= was gerade ist)
Vergangenes (= was vorüber ist)
Zukünftiges (= was sein wird)

Die **6** Zeitformen heißen:
Präsens, Präteritum, Perfekt, Plusquamperfekt, Futur I, Futur II

Die Zeitstufen werden durch **die Zeitformen** ausgedrückt.
Du kombinierst die Zeitform **Präsens** mit **Perfekt** und die Zeitform **Präteritum** mit **Plusquamperfekt**.

33 **Präsens:** er biegt, wir kämmen, es quillt, sie nimmt, ich stehe auf, ich trete an, du trittst ein

Präteritum: er kam, ich kroch, wir nahmen, ihr ludet ein, er stand, sie traten weg, wir kämmten

Konjunktiv I: sie zünde an, wir kämmen, du mögest, er lese nach, er müsse, man nehme, er trete ein, es komme

Konjunktiv II: sie bliebe stehen, sie priese, ihr ludet ein, er nähme an, es wäre, sie gäben auf, es läge, sie kämen, wir kämmten

---

(34) „Die Sonne scheint viel zu heiß!", klagte der Esel, der eine schwere Last trug. „Wenn doch endlich Wolken kämen und sie verdeckten!"

„Oh, das tut gut!", zischelte die Schlange, räkelte sich vor Wohlbehagen und genoss ihr Sonnenbad auf einem Stein. „Ich wollte, die Sonne schiene immerzu!"

Wenn sie doch endlich untergehen würde", murrte die Eule. „Ihr Licht ist viel zu grell. Wie angenehm wäre mein Leben ohne Sonne!"

Eine Maus huschte im Feld umher. „Was für ein Glück, dass die Sonne scheint", wisperte sie. „Da reifen die Ähren, damit ich viele, viele Körner ernten kann. Gäbe es doch jeden Tag Sonnenschein!"

Sind wir Menschen nicht diesen Tieren ähnlich? Was der eine wünscht, ist dem anderen nicht recht, jeder möchte sich alles auf der Welt so richten, wie es zu seinem Vorteil ist.

Verb im Text, Verbart, Pers./Zahl, Zeit, Aussageweise, Beugung:
(sie) scheint, Vollverb, 3. Pers. Sg., Präsens, Indikativ, stark
(er) klagte, Vollverb, 3. Pers. Sg., Präteritum, Indikativ, schwach
(er) trug, Vollverb, 3. Pers. Sg., Präteritum, Indikativ, stark
(sie) kämen, Vollverb, 3. Pers. Pl., Konjunktiv II, stark
(sie) verdeckten, Vollverb, 3. Pers. Pl., Konjunktiv II, schwach
(es) tut, Vollverb, 3. Pers. Sg., Präsens, Indikativ, stark
(sie) zischelte, Vollverb, 3. Pers. Sg., Präteritum, Indikativ, schwach
(sie) räkelte sich, Vollverb, 3. Pers. Sg., Präteritum, Indikativ, schwach
(sie) genoss, Vollverb, 3. Pers. Sg., Präteritum, Indikativ, stark
(ich) wollte, Modalverb, 1. Pers. Sg., Präteritum, Indikativ, schwach
(sie) schiene, Vollverb, 3. Pers. Sg., Konjunktiv II, stark
untergehen, Vollverb, (Infinitiv), stark
(sie) würde, Hilfsverb, 3. Pers. Sg., Konjunktiv II, stark
(sie) murrte, Vollverb, 3. Pers. Sg., Präteritum, Indikativ, schwach
(es) ist, Hilfsverb (hier als Vollverb verwendet), 3. Pers. Sg., Präteritum, Indikativ, stark
(es) wäre, Hilfsverb (hier als Vollverb verwendet), 3. Pers. Sg., Konjunktiv II, stark
(sie) huschte, Vollverb, 3. Pers. Sg., Präteritum, Indikativ, schwach
(sie) scheint, Vollverb, 3. Pers. Sg., Präsens, Indikativ, stark
(sie) wisperte, Vollverb, 3. Pers. Sg., Präteritum, Indikativ, schwach
(sie) reifen, Vollverb, 3. Pers. Pl., Präsens, Indikativ, schwach
ernten, Vollverb, (Infinitiv), schwach
(ich) kann, Modalverb, 1. Pers. Sg., Präsens, Indikativ (ein Sonderfall)
(es) gäbe, Vollverb, 3. Pers. Sg., Konjunktiv II, stark
(wir) sind, Hilfsverb (hier als Vollverb verwendet), 1. Pers. Pl., Präsens, Indikativ, stark
(er) wünscht, Vollverb, 3. Pers. Sg., Präsens, Indikativ, schwach
(es) ist, Hilfsverb (hier als Vollverb verwendet), 3. Pers. Sg., Präsens, Indikativ, stark
(er) möchte, Modalverb, 3. Pers. Sg., Präsens, Indikativ, gemischt
richten, Vollverb, (Infinitiv), schwach
(es) ist, Hilfsverb (hier als Vollverb verwendet), 3. Pers. Sg., Präsens, Indikativ, stark

35
2. Der Klassenordner <u>hat</u> das Klassenbuch **mitgebracht**. 3. P., Sg., Perfekt, Indikativ, Aktiv
3. **Bleib** nicht zu lange fort! Imperativ, Sg.
4. Du <u>wirst</u> bald **aufgerufen** <u>werden</u>. 2. P., Sg., Futur I, Indikativ, VP
5. Leo **bliebe** gerne länger da. 3. P., Sg., Konjunktiv II, Aktiv
6. Dieser Stiegenaufgang <u>ist</u> **gesperrt**. 3. P., Sg., Präsens, Indikativ, ZP
7. Jakob <u>war</u> auf Julia **beleidigt** <u>gewesen</u>. 3. P., Sg., Plusquamperfekt, Indikativ, Aktiv
8. Die Kühe <u>waren</u> bereits **gemolken**. 3. P., Pl., Präteritum, Indikativ, ZP
9. Die Schulglocke **müsste** schon **geläutet** <u>haben</u>. 3. P., Sg., Konjunktiv II, Aktiv
10. Der Patient <u>wird</u> heute **massiert**. 3. P., Sg., Präsens, Indikativ, VP
11. Der kranke Schüler <u>wurde</u> von der Schulärztin vom Unterricht **befreit**.
   3. P., Sg., Präteritum, Indikativ, VP
12. Wir <u>können</u> zum Klassentreffen leider nicht **kommen**. 1. P., Pl., Präsens, Indikativ, Aktiv
13. **Ruf** mich gegen 22 Uhr **an**! Imperativ, Sg.

36 **Konjunktiv II = K, Modalverb = M, modifizierendes Verb = mV, Situativ = S**

Liebe Doris!
Seit <u>fast</u> (S) einer Woche sind wir hier in Italien und machen Urlaub. Jeden Tag <u>können</u> (M) wir im Meer baden oder <u>dürfen</u> (M) <u>natürlich</u> (S) im Swimmingpool plantschen. Hier gibt es viel „Action", und man <u>braucht</u> (mV) sich nicht zu fadisieren. Mein Bruder <u>„muss"</u> (M) <u>andauernd</u> (S) Beachvolleyball spielen, aber ich <u>will</u> (M) <u>nur</u> (S) mit meinen Freundinnen am Strand liegen und tratschen.
Ach, <u>wärest</u> (K) du doch auch hier! Ich denke, es <u>würde</u> (K) dir <u>gewiss</u> (S) gefallen. Die Sonne brennt <u>besonders</u> (S) um die Mittagszeit <u>ziemlich</u> (S) heiß vom Himmel. In unserer „Siesta" <u>pflegen</u> (mV) wir zu ruhen oder Karten zu spielen.
Es vergeht <u>kaum</u> (S) ein Tag, an dem wir vor Mitternacht schlafen gehen. Am Abend spazieren wir <u>meistens</u> (S) durch die Altstadt. Ich <u>wünsche</u> (mV) mir einmal in die Disco zu gehen, <u>eventuell</u> (S) <u>könnten</u> (M, K) wir am nächsten Wochenende hingehen. Aber meine Eltern <u>möchten</u> (M) am liebsten am Strand liegen und am Abend gemütlich im Garten sitzen. Ihnen <u>scheint</u> (mV) der Urlaub <u>auch</u> (S) zu gefallen.
<u>Hoffentlich</u> (S) verbringst <u>auch</u> (S) du schöne Ferien! Ich freue mich <u>schon</u> (S) auf ein Wiedersehen. Sobald wir wieder zu Hause sind, rufe ich dich <u>bestimmt</u> (S) an.
Ich <u>muss</u> (M) dir dann <u>unbedingt</u> (S) von Cesare erzählen! Liebe Grüße von Betty

37 (...) „Das <u>ist</u> kein Name für dieses wunderbare Geschöpf", sagten sie eines Tages zu ihm. „Diese Katze <u>ist</u> etwas Besonderes und <u>muss</u> daher auch einen besonderen Namen <u>haben</u>."
„<u>Nennen</u> wir sie Tiger!", schlug einer der Freunde vor. „Kein anderes Tier <u>ist</u> dem Tiger an Stärke gleich."
„<u>Du irrst</u> dich", sagte ein zweiter Freund. „Drachen <u>sind</u> mächtiger als Tiger und noch dazu herrlich <u>anzusehen</u> mit ihren glitzernden Schuppen. Ich <u>würde</u> diese Katze Drache <u>nennen</u>."
„Drachen <u>fliegen</u> hoch in den Himmel hinauf", sagte der dritte Freund, „aber noch höher oben <u>segeln</u> die Wolken dahin. Wenn ihr mich <u>fragt</u>, so <u>wäre</u> Wolke der richtige Name."
„Der Wind <u>ist</u> den Wolken an Kraft <u>überlegen</u>", sagte der vierte Freund. „Er <u>jagt</u> sie vor sich her, <u>verbläst</u> sie und <u>fegt</u> den Himmel rein. Also <u>soll</u> die Katze Sturmwind <u>heißen</u>."
„<u>Hält</u> nicht eine Mauer dem ärgsten Sturm <u>stand</u>?", fragte ein anderer. „Wenn er noch so dagegen <u>anrennt</u>, er <u>kann</u> sie nicht <u>umwerfen</u>. Wir <u>wollen</u> die Katze daher Mauer <u>nennen</u>."
„Wieder falsch!", erklärte der nächste Freund. „<u>Habt</u> ihr die Mäuse <u>vergessen</u>? Unermüdlich <u>graben</u> sie Gänge in der Erde, bis die Mauer in sich <u>zusammenfällt</u>. Mäuse <u>sind</u> stärker als eine Mauer."

Der Besitzer der prächtigen Katze fing zu lachen an. „Und wer <u>jagt</u> Mäuse?", rief er. „<u>Versteht</u> ihr nun, warum ich sie Katze <u>nenne</u>? Kein anderer Name <u>passt</u> so gut zu ihr wie der eigene."

Indirekte Rede:

Das <u>sei</u> kein Name für dieses wunderbare Geschöpf, sagten sie eines Tages zu ihm. Diese Katze <u>sei</u> etwas Besonderes und <u>müsse</u> daher auch einen besonderen Namen <u>haben</u>. Einer der Freunde schlug vor, **dass** sie sie Tiger <u>nennen</u> sollten/könnten, denn kein anderes Tier <u>sei</u> dem Tiger an Stärke gleich.

Er <u>irre</u> sich, sagte ein zweiter Freund, Drachen <u>seien</u> mächtiger als Tiger und noch dazu herrlich <u>anzusehen</u> mit ihren glitzernden Schuppen. Er <u>würde</u> diese Katze Drache <u>nennen</u>. Drachen <u>flögen</u> hoch in den Himmel hinauf, sagte der dritte Freund, aber noch höher oben <u>segelten</u> die Wolken dahin. Wenn sie ihn <u>fragten</u>, so <u>wäre</u> Wolke der richtige Name. Der Wind <u>sei</u> den Wolken an Kraft <u>überlegen</u>, sagte der vierte Freund. Er <u>jage</u> sie vor sich her, <u>verblase</u> sie und <u>fege</u> den Himmel rein. Also <u>solle</u> die Katze Sturmwind <u>heißen</u>. <u>Halte</u> nicht eine Mauer dem ärgsten Sturm <u>stand</u>, fragte ein anderer. Wenn er noch so dagegen <u>anrenne</u>, er <u>könne</u> sie nicht <u>umwerfen</u>. Sie <u>wollten</u> die Katze daher Mauer <u>nennen</u>. Das <u>sei</u> wieder falsch, erklärte der nächste Freund. **Ob** sie die Mäuse <u>vergessen</u> <u>hätten</u>? Unermüdlich <u>grüben</u> sie Gänge in der Erde, bis die Mauer in sich <u>zusammenfalle</u>. Mäuse <u>seien</u> stärker als eine Mauer. Der Besitzer der prächtigen Katze fing zu lachen an. Und wer <u>jage</u> Mäuse, rief er. **Ob** sie nun <u>verstünden/verständen</u>, warum er sie Katze <u>nenne</u>? Kein anderer Name <u>passe</u> so gut zu ihr wie der eigene.

38

Fall (Kasus)	Frage	Singular (Einzahl)	Plural (Mehrzahl)
1. Fall (Nominativ)	Wer oder was?	der Zitronenfalter	die Zitronenfalter
2. Fall (Genitiv)	Wessen?	des Zitronenfalters	der Zitronenfalter
3. Fall (Dativ)	Wem?	dem Zitronenfalter	den Zitronenfaltern
4. Fall (Akkusativ)	Wen oder was?	den Zitronenfalter	die Zitronenfalter
1. Fall (Nominativ)	Wer oder was?	die Kreuzspinne	die Kreuzspinnen
2. Fall (Genitiv)	Wessen?	der Kreuzspinne	der Kreuzspinnen
3. Fall (Dativ)	Wem?	der Kreuzspinne	den Kreuzspinnen
4. Fall (Akkusativ)	Wen oder was?	die Kreuzspinne	die Kreuzspinnen
1. Fall (Nominativ)	Wer oder was?	das Murmeltier	die Murmeltiere
2. Fall (Genitiv)	Wessen?	des Murmeltiers	der Murmeltiere
3. Fall (Dativ)	Wem?	dem Murmeltier	den Murmeltieren
4. Fall (Akkusativ)	Wen oder was?	das Murmeltier	die Murmeltiere

---

39

starke Beugung	schwache Beugung	gemischte Beugung
der Zitronenfalter	die Kreuzspinne	das Bett
das Murmeltier	die Decke	der Schmerz
der Tisch	die Badewanne	der Name
der Ofen	die Tapete	der Stachel
der Teppich	die Steckdose	das Ohr
das Fenster	der Held	das Herz
das Dorf	die Tür	
die Stadt	der Hase	
das Land	die Kassette	
das Bad		
der Schlüssel		
der Film		

40
1. <u>Tanja</u> (Wer oder was? 1. Fall) kauft sich <u>einen großen Eisbecher</u>. (Wen oder was? 4. Fall)
2. Ewald möchte unbedingt <u>ein Tor</u> (Wen oder was? 4. Fall) schießen.
3. Im Hof spielen <u>alle Kinder</u> (Wer oder was? 1. Fall) immer nur <u>Fußball</u>. (Wen oder was? 4. Fall)
4. Gestern machten wir <u>ein riesiges Lagerfeuer</u>. (Wen oder was? 4. Fall)
5. Gib doch <u>den Kindern</u> (Wem? 3. Fall) auch <u>ein Stück Kuchen</u>! (Wen oder Was? 4. Fall)
6. Birgit vertraut <u>ihrem Freund</u> völlig. (Wem? 3. Fall)
7. In der Zeitung steht, dass <u>unser Nachbar</u> (Wer oder was? 1. Fall) <u>des Diebstahls</u> (Wessen? 2. Fall) verdächtigt wird.
8. Hat <u>deine Schwester</u> (Wer oder was? 1. Fall) <u>meinen Bruder</u> (Wen oder was? 4. Fall) gestern angerufen?
9. Zum Hochzeitstag schenkte <u>Robert</u> (Wer oder was? 1. Fall) <u>seiner Frau</u> (Wem? 3. Fall) <u>rote Rosen</u>. (Wen oder was? 4. Fall)
10. <u>Einen herrlichen Marillenkuchen</u> (Wen oder was? 4. Fall) backte <u>Vater</u> (Wer oder was? 1. Fall) für uns.

---

41 hell: Helligkeit; zeugen: Zeugenschaft, Zeugnis, Zeugung; bunt: Buntheit; roh: Rohheit, Rohling; angeloben: Angelobung; Bürger: Bürgerschaft, Bürgertum; graben: Grabung; Bruder: Bruderschaft; hoffen: Hoffnung; wagen: Wagnis; Kind: Kindheit; korrekt: Korrektheit, Korrektur

---

42
1. <u>Sein</u> langsames <u>Abschreiben</u> bringt ihm große Probleme. (Pronomen vor Infinitiv)
2. <u>Das</u> tägliche <u>Einkaufen</u> macht mir sehr viel Arbeit. (Artikel vor Infinitiv)
3. <u>Euer</u> andauerndes <u>Tratschen</u> stört den Unterricht erheblich. (Pronomen vor Infinitiv)
4. <u>Vom</u> (Von dem) langen <u>Sitzen</u> bekommt sie arge Kreuzschmerzen. (Präposition+Artikel vor Infinitiv)
5. Sie kann sich noch über <u>etwas Kleines</u> freuen. (unbestimmtes Zahlwort vor Adjektiv)
6. Muss es denn immer <u>etwas Großes</u> für <u>die Kleinen</u> sein? (unbestimmtes Zahlwort vor Adjektiv, Artikel vor Adjektiv)
7. <u>Sein Schnarchen</u> lässt mich nicht schlafen. (Pronomen vor Infinitiv)
8. <u>Im Laufen</u> nehmen sich die Marathonläufer eine Banane oder etwas <u>zum Trinken</u>. (Präposition + Artikel vor Infinitiv, Präposition + Artikel vor Infinitiv)
9. Aufgrund <u>des</u> langsamen <u>Reagierens</u> haben sie das Spiel verloren. (Artikel vor Infinitiv)
10. <u>Alte</u> und <u>Kranke</u> werden hier betreut. (Es könnte ein Artikel vor den Adjektiven stehen.)
11. <u>Unser</u> pünktliches <u>Erscheinen</u> erstaunte sie sehr. (Pronomen vor Infinitiv)
12. Ich kann leider nur <u>wenig Erfreuliches</u> berichten. (unbestimmtes Zahlwort vor Adjektiv)
13. <u>Zum</u> besseren <u>Verstehen</u> lies die Merksätze und mache die Übungen! (Präposition + Artikel vor Infinitiv)

43

Adjektiv, Verb	Nominalisierung
Das <u>ist</u> ihr <u>geläufig</u>. (Verb)	**das** ihr Geläufige (Artikel)
Etwas ist <u>komisch</u>. (Adjektiv)	**etwas** Komisches (Zahlwort)
Nichts davon ist <u>brauchbar</u>. (Adjektiv)	**nichts** Brauchbares (Zahlwort)
Sie hat wenig <u>geschrieben</u>. (Verb)	**wenig** Geschriebenes (Zahlwort)
Alles, was <u>verbrannt</u> ist, wurde entsorgt. (Verb)	**Alles** Verbrannte wurde entsorgt. (Zahlwort)
Das war <u>verschimmelt</u>. (Verb)	**das** Verschimmelte (Artikel)
Einiges war bereits <u>verkauft</u>. (Verb)	**einiges** bereits Verkauftes (Zahlwort)

44 die <u>FLIEGEN</u>, der <u>FLUG</u>, die <u>FLIEGE</u>, die <u>KOSTEN</u>, die <u>KOST</u>, die <u>VERKOSTUNG</u>, der <u>ALT</u>, das <u>ALTER</u>, die <u>ALTERUNG</u>, die <u>ALTEN</u>, den <u>BLÄTTERN</u> (3. Fall, Pl.), das <u>BLATT</u>, das (Sg.), die (Pl.) <u>SEGEL</u>, den <u>SEGELN</u> (3. Fall, Pl.), die <u>UMSEGLUNG</u>, der <u>SCHLAG</u>, die <u>SCHLÄGE</u>, der <u>STAUB</u>, die <u>ENDEN</u>, das <u>ENDE</u>, die <u>ENDUNG</u>, der <u>MALER</u>, die <u>BEMALUNG</u>, das (eine) <u>MAL</u>, die <u>SAMMLUNG</u>, der <u>STRICH</u>, den <u>STREICHEN</u> (3. Fall, Pl.), der <u>STREICH</u>, die <u>STRICHE</u>, das (Sg.), die (Pl.) <u>VERFAHREN</u>, der <u>FAHRER</u>, die <u>FAHRT</u>

45 **Infinitiv + Artikel:** das Fliegen, das Kosten, das Altern, das Blättern, das Segeln, das Schlagen, das Stauben, das Enden, das Malen, das Sammeln, das Streichen, das Verfahren, das Fahren

1. Partizip + Artikel: der Sammelnde; die Fahrenden

2. Partizip + Artikel: der/die Geschlagene

46 Eine leckere Apfeltorte
Wenn du einmal Lust auf <u>etwas</u> wirklich **Leckeres** hast, dann …
<u>Das</u> **Beste** ist, du schaust einmal zu Hause nach, was …
Du brauchst **Folgendes**:
… Butter <u>zum</u> **Ausfetten** der Tortenform …
<u>Das</u> im Vorratskasten **Fehlende** musst du besorgen. …
… Während <u>des</u> **Vermengens** der Zutaten mit dem Handmixer achte darauf, dass du <u>beim</u> **Mixen** durch <u>das</u> **Herausspritzen** nicht zu viel „patzt", sonst benötigst du <u>zum</u> **Putzen** der Küche mehr Zeit, als <u>das</u> **Backen** der Torte braucht.
… Durch leichtes **Unterheben**, also (durch) vorsichtiges **Rühren**, vermischst …
… <u>Das</u> **Einschalten** und (<u>das</u>) **Vorheizen** des Backofens auf 170 Grad …
… <u>Zum</u> **Einfetten** der Form kannst du einen kleinen Pinsel …
… Nach <u>dem</u> **Abkühlen** kannst du die noch etwas warme Apfeltorte …
Gutes **Gelingen**! Guten Appetit!

47 Liebes Tagebuch!
Heute stieß ich <u>beim Betreten</u> des Zeichensaales mit einem Burschen zusammen. Dabei fielen mir meine gesamten Malsachen auf den Fußboden. Ich wollte schon <u>etwas Unfreundliches</u> sagen, da blickte ich in <u>das Braun</u> zweier wunderschöner Augen. Eine freundliche Stimme entschuldigte sich für die Ungeschicklichkeit. Der Junge half mir <u>beim Aufheben</u> der Stifte und <u>beim Sortieren</u> der Zeichenblätter. Ich starrte mein Gegenüber nur an. <u>Das Reden</u> fiel mir schwer. Ich stotterte ebenfalls eine Entschuldigung. <u>Das Läuten</u> der Schulglocke rüttelte mich erst wieder wach. Ich hatte mich in diesen Schüler beim ersten Blick verliebt. Am liebsten hätte ich meine Malschachtel noch einmal fallen gelassen. <u>Der Unbekannte</u> lächelte mir noch einmal zu und schon war er weg.
Ich muss unbedingt herausfinden, in welche Klasse er geht und wie er heißt! Wenn ich die Augen schließe, sehe ich noch <u>sein liebes Lächeln</u>.
Liebes Tagebuch, hoffentlich sehe ich meinen Schwarm bald wieder!
Bis dahin träume ich von ihm. Gute Nacht sagt Melanie

48

best. Artikel Sg.	best. Artikel Pl.	unbest. Artikel	Geschlecht (3 Möglichkeiten)
das Band	die Bänder	ein Band	sächlich
der Band	die Bände	ein Band	männlich
die Band	die Bands	eine Band	weiblich
der Magen	die Mägen/die Magen	ein Magen	männlich

die Lunge	die Lungen	eine Lunge	weiblich
der Bauch	die Bäuche	ein Bauch	männlich
das Ohr	die Ohren	ein Ohr	sächlich
der Fuß	die Füße	ein Fuß	männlich
der Hügel	die Hügel	ein Hügel	männlich
die Säge	die Sägen	eine Säge	weiblich
die Nudel	die Nudeln	eine Nudel	weiblich
der Boden	die Böden	ein Boden	männlich
der Teller	die Teller	ein Teller	männlich

1. Ich werde **meine** Freundin mitbringen.
2. Wen möchtest du zu **deiner** Party einladen?
3. Sie vergaß **ihre** Lesebrille.
4. Ferdinand konnte mit **seinem** kaputten Rad nicht weiterfahren.
5. Wieso habt ihr **euren** Schlüssel stecken gelassen?
6. Wir freuen uns auf **unseren** gemeinsamen Urlaub.
7. Kathi nimmt sich **ihre** Luftmatratze mit auf den See.
8. Ihr könnt **euer** Gepäck unbesorgt hier stehen lassen.
9. Sie konnten **ihr** geparktes Auto nicht wiederfinden.
10. **Meinen** Teller habe ich schon in den Geschirrspüler gestellt.

1. Wie gefällt dir <u>dieses</u> Tattoo?
2. <u>Dieselbe</u> Frau klopfte gestern an unsere Tür.
3. <u>Jener</u> war es!
4. <u>Diesen</u> Witz hat er schon hunderte Male erzählt.
5. <u>Der</u> kommt mir irgendwie bekannt vor!
6. Gefällt dir <u>diese</u> Moderichtung?
7. <u>Diese</u> gefällt mir noch besser als <u>jene</u>.

1. Das ist der kleine <u>Hund</u>, **den** wir uns gestern ausgesucht haben.
2. Ich wiederhole den letzten <u>Satz</u>, **den** sie gesagt hat.
3. Er ist ein <u>Kumpel</u>, auf **den** man sich hundertprozentig verlassen kann.
4. Iss doch das <u>Brot</u>, **das** ich dir hergerichtet habe!
5. Sie kümmert sich um die <u>Katzen</u>, **die** gestern auf die Welt gekommen sind.
6. <u>Heinz</u>, **der** in die 4 A geht, und <u>Birgit</u>, **die** die 4 C besucht, sind befreundet.
7. <u>Monika</u>, **deren** Vater sie gestern entschuldigt hatte, fehlte heute schon wieder.
8. <u>Horst</u>, **dessen** Mutter Ärztin ist, arbeitet in diesem Spital.

1. **Ich** erinnere <u>mich</u> noch gut an sie.
2. **Wir** kümmern <u>uns</u> schon um die Gäste.
3. **Tobias und Renate** denken nur an <u>sich</u>.
4. **Wir** wunderten <u>uns</u> über euch.
5. Schämt **ihr** <u>euch</u> nicht für eure Unordnung?
6. **Er** beeilte <u>sich</u> sehr.
7. **Ihr** musstet <u>euch</u> selbst verarzten?
8. **Er** konnte <u>sich</u> an nichts mehr erinnern.
9. Wieso freust **du** <u>dich</u> nicht ein bisschen?
10. **Du** versprichst <u>dich</u> andauernd.

16

 53
1. <u>Jeder</u> konnte <u>etwas</u> Unheimliches hören.
2. <u>Einige</u> Kleine fürchteten sich in der Dunkelheit, aber die <u>meisten</u> stapften tapfer weiter.
3. Ich habe schon ein <u>paarmal</u> versucht dich zu erreichen.
4. Er hat noch immer <u>nichts</u> von ihr gehört.
5. Im Auto warten schon <u>alle</u> Kinder ungeduldig auf dich.
6. Ich konnte <u>niemanden</u> antreffen und alle Türen waren versperrt.
7. Nach deiner Adresse fragte <u>man</u> mich.

 54
2. <u>Seine</u> Mutter hat <u>mich</u> gestern angerufen. B, V – PoP, PP
3. Willst <u>du</u> <u>das</u> nicht endlich einsehen? V, V – PP, DP
4. <u>Sie</u> hat <u>sich</u> mit <u>dieser</u> Sache ziemlich übernommen. V, V, B – PP, ReP, DP
5. Könntest <u>du</u> <u>jemanden</u>, <u>der</u> dafür zuständig ist, holen? V, V, V – PP, IP, RP
6. Borgst <u>du</u> <u>mir</u> bitte <u>dein</u> Handy? V, V, B – PP, PP, PoP
7. <u>Wir</u> versuchten <u>ihn</u> bei <u>ihr</u> zu erreichen. V, V, V – PP, PP, PP
8. <u>Wessen</u> Auto verstellt <u>unsere</u> Ausfahrt? B, B – InP, PoP
9. <u>Niemand</u> hat <u>sich</u> für <u>diese</u> schwierige Aufgabe gemeldet. V, V, B – IP, ReP, DP
10. <u>Alle</u> Schüler der vierten Klasse wurden von <u>ihm</u> eingeladen. B, V – IP, PP

 55
1. Sie unterschrieb **darauf**.
2. **Darin** sind noch 5 Euro.
3. Bitte nehmen Sie **dazwischen** Platz.
4. Felix freute sich **darüber**.
5. **Davon** bekam Gregor Seitenstechen.
6. Rudi und Daniel sind **daran** erkrankt.
7. Du brauchst **dafür** noch sechs Eier.
8. Claudia warf den Ball **daneben**.
9. Wirf den Schlüssel **darüber**!
10. **Hiermit** beendete sie ihren Vortrag.

 56

F	W	E	C	G	T	A	P	R	O	N	D	I	P
H	P	O	I	U	Z	R	E	F	L	E	X	I	V
I	Z	U	I	Ü	P	J	R	S	T	R	I	D	Ü
N	Ü	D	E	M	O	N	S	T	R	A	T	I	V
T	Y	X	H	L	S	Ä	O	Ü	Q	I	O	Ü	A
E	W	T	R	O	S	I	N	Y	W	U	E	E	S
R	Y	S	D	R	E	L	A	T	I	V	I	I	C
R	B	O	P	R	S	R	L	I	W	W	T	Z	H
O	W	C	H	K	S	W	E	R	V	N	N	H	Y
G	N	D	E	R	I	N	I	T	I	G	T	T	R
A	A	S	D	F	V	D	F	G	T	Z	W	Q	T
T	C	T	Z	U	I	O	P	Ä	X	Ü	R	T	W
I	N	D	E	F	I	N	I	T	Ö	L	K	J	H
V	F	D	S	Y	A	B	C	D	E	F	G	K	G

Possessivpronomen = besitzanzeigendes Fürwort

Demonstrativpronomen = hinweisendes Fürwort

Interrogativpronomen = Fragefürwort

Personalpronomen = persönliches Fürwort

Relativpronomen = bezügliches Fürwort

Indefinitpronomen = unbestimmtes Fürwort

Reflexivpronomen = rückbezügliches Fürwort

57 1. Ich genieße dieses Essen. PP, DP
2. Meine nächsten Ferien verbringe ich ganz gemütlich zu Hause. PoP, PP
3. Er erwartet sich eine Steigerung deiner Leistung. PP, ReP, PoP
4. Man spricht nicht mit vollem Mund. IP
5. Diesen Weg, den wir gerade gehen, bin ich gestern schon gegangen. DP, RP, PP, PP
6. Was kosten diese hellbraunen Schuhe? InP, DP
7. Das glaubt dir niemand! DP, PP, IP
8. Vor einigen Jahren haben wir ihn dort besucht. PP, PP
9. Ich möchte mich selbst überzeugen. PP, ReP
10. Wer kennt ihn nicht, diesen aufgeweckten, rothaarigen Kobold? InP, PP, DP

58 Eines Tages sah das Einhorn einen Raben, der (RP) auf einem Felsblock saß.
„Alt und weise, wie du (PP) bist", sagte es (PP), „wirst du (PP) bestimmt wissen, dass ich (PP) einmalig bin und keiner (IP) stärker ist als ich (PP)."
„Sei nicht hochmütig!", antwortete der Rabe. „Einmalig magst du (PP) ja sein, aber dieser (DP) Felsblock ist stärker als du (PP)."
„Da irrst du (PP) dich (ReP)!", rief das Einhorn. „Ich (PP) werde gleich beweisen, wer (InP) der Stärkere ist, und dich (PP) samt dem Felsblock umstoßen."
Das Einhorn machte einen gewaltigen Satz und rannte mit dem Horn gegen den Felsen an.
Der Felsblock mit dem Raben obenauf wankte nicht einmal. Das Horn jedoch lag in viele (unbestimmtes Zahlwort) Stücke zerbrochen auf dem Boden.
Der Rabe breitete bedächtig die Flügel aus und sagte: „Armes Einhorn! Bist nicht mehr einmalig ohne dein (PoP) langes Horn. Und statt deine (PoP) Stärke zu beweisen, hast du (PP) mir (PP) ungebeten etwas anderes (IP) bewiesen: Dummheit mit Hochmut vereint, das (DP) kann nicht gut gehen."

59

g	ö	l	i	c	h	t	r	a	b	a	r	z	j	i	g	ö	p
s	a	m	k	ö	r	a	i	s	c	h	c	h	j	k	ö	ä	a
h	a	n	r	t	z	h	a	f	t	w	e	r	p	ü	q	c	h

60
der Hass – hässlich
die Laune – launenhaft, launisch
die Lücken – lückenhaft
der Schmutz – schmutzig
der Zorn – zornig
die Mühe – mühsam
die Arbeit – arbeitsam
das Wunder – wunderbar, wunderlich, wundersam

verschwenden – verschwenderisch
zaubern – zauberhaft
krank – krankhaft, kränklich
zahlen – zahlbar
schweigen – schweigsam
kaufen – käuflich
brennen – brennbar
fahren – fahrbar, fahrig

61 1. Bei strahlendem (stark) Sonnenschein verließen wir die alte (schwach) Hütte und während eines heftigen (schwach) Regenschauers mussten wir ins Tal absteigen.
2. Anita freut sich über den guten (schwach) Erfolg.
3. Gabriele ärgerte sich über deine dummen (schwach) Bemerkungen.
4. Im (= In dem) tiefen (schwach) Teil des riesigen (schwach) Schwimmbeckens können nur Ernst und Brigitte stehen.

18

5. Auf <u>diesen</u> weichen (schwach) Matratzen haben wir sehr schlecht geschlafen.
6. Herbert sitzt unter <u>dem</u> großen (schwach) Sonnenschirm und liest <u>ein</u> altes (schwach) Buch.
7. Jürgen läuft auch bei eisiger (stark) Kälte <u>seine</u> lange (schwach)Trainingsstrecke.
8. Karsten hat vom (= von <u>dem</u>) langen (schwach) Sitzen Kreuzschmerzen.
9. Anna wird vom (= von <u>dem</u>) vielen (schwach) Reden heiser.
10. Sie sind mit großem (stark) Schrecken davongekommen.

62

Positiv/Grundstufe	Komparativ/Mehrstufe	Superlativ/Meiststufe
bunt	bunter	am buntesten
warm	wärmer	am wärmsten
viel	mehr	am meisten
staubig	staubiger	am staubigsten
rußig	rußiger	am rußigsten
gut	besser	am besten
voll	(voller) halbvoll	(am vollsten) ganz voll
intelligent	intelligenter	am intelligentesten
krank	kränker	am kränksten
schwach	schwächer	am schwächsten
blau	(blauer) intensiveres Blau	(am blausten)

63

attributiv:	1.	… das klare Wasser	2.	… die weiche Decke
prädikativ:		Das Wasser ist klar.		Die Decke ist weich.
adverbiell:		Das Wasser fließt klar.		Die Decke fühlt sich weich an.
attributiv:	3.	… der warme Wind	4.	… der laute Hund
prädikativ:		Der Wind ist warm.		Der Hund ist laut.
adverbiell:		Der Wind bläst warm.		Der Hund bellt laut.
attributiv:	5.	… die nasse Wiese	6.	… die schnelle Diana
prädikativ:		Die Wiese ist nass.		Diana ist schnell.
adverbiell:		Die Wiese glänzt nass.		Diana rennt schnell.
attributiv:	7.	… der gefährliche Bär	8.	… der würzige Käse
prädikativ:		Der Bär ist gefährlich.		Der Käse ist würzig.
adverbiell:		Der Bär brüllt gefährlich.		Der Käse schmeckt würzig.
attributiv:	9.	… der rote Hibiskus	10.	… das schnelle Pferd
prädikativ:		Der Hibiskus ist rot.		Das Pferd ist schnell.
adverbiell:		Der Hibiskus blüht rot.		Das Pferd galoppiert schnell.

---

1. Der <u>junge</u> Hund spielt ganz <u>vertraut</u> mit den <u>kleinen</u> Katzen. at, ad, at
2. Da das Wetter <u>unbeständig</u> ist, bleiben wir <u>lieber</u> zu Hause. pr, ad
3. In unserer <u>neuen</u> Wohnung haben wir uns schon <u>gut</u> eingelebt. at, ad
4. Ich schicke dir <u>liebe</u> Grüße aus dem <u>sonnigen</u> Süden. at, at
5. Der <u>neue</u> Klassensprecher ist <u>einstimmig</u> gewählt worden. at, ad
6. Für einen <u>leckeren</u> Fruchtsalat solltest du nur <u>reife</u> Früchte verwenden. at, at
7. Im <u>heißesten</u> Monat des Jahres verreist sie <u>gerne</u> ans Meer. at, ad
8. Die <u>frühe</u> Weinernte ist auf den <u>heißen</u> Sommer zurückzuführen. at, at
9. Das Neugeborene ist <u>gesund</u>, die <u>glückliche</u> Mutter auch. pr, at
10. Er begreift <u>schnell</u> und schreibt <u>selbstständig</u> seine Aufgabe. ad, ad
11. Am Donnerstag wird sie 14 Jahre <u>alt</u>. pr
12. Der <u>neue</u> Disneyfilm war sehr <u>lustig</u>. at, pr

Infinitiv	1. Partizip als Adjektiv	2. Partizip als Adjektiv
rauben	raubende Fische	geraubte Juwelen
rufen	rufende Kinder	ein gerufenes Wort
leiden	ein leidendes Gesicht	eine erlittene Verletzung
lesen	eine lesende Schülerin	ein gelesenes E-Mail
wachen	ein wachender Hund	eine durchwachte Nacht
verklingen	ein verklingendes Lied	ein verklungener Ton
sieden	siedendes Wasser	gesottenes Hundefutter
rauchen	rauchende Schornsteine	ein verrauchtes Lokal

1. Sie stand mit <u>leuchtenden</u> Augen da. 1. Partizip, at – Mit was für Augen?
2. Ich habe mir den <u>linken</u> Fuß verstaucht. Adjektiv, at – Was für einen Fuß?
3. <u>Essend</u> saß er vor dem Fernsehapparat. 1. Partizip, ad – Wie?
4. Wir bekommen <u>laufend</u> <u>neue</u> Ware. 1. Partizip ad – Wie?; Adjektiv., at – Was für Ware?
5. Er möchte seinen <u>neuen</u> Pullover anziehen. Adjektiv, at – Was für einen Pullover?
6. Diese <u>hellgraue</u> Jacke habe ich <u>neu</u> gekauft.
   Adjektiv, at – Was für eine Jacke?; Adjektiv, ad – Wie?
7. <u>Verstohlen</u> blickte er sich um. 2. Partizip, ad – Wie?
8. <u>Keuchend</u> erreichte der Marathonläufer das Ziel. 1. Partizip, ad – Wie?
9. Nach dem Match verließen wir <u>gedemütigt</u> das Spielfeld. 2. Partizip, ad – Wie?
10. Diese <u>neuartigen</u> Lampen leuchten besonders <u>hell</u>.
    Adjektiv, at – Was für Lampen?; Adjektiv, ad – Wie?

1. Felix liebt Geleezuckerl, besonders die **r**oten.
2. Gertraud überlegt sich etwas **B**esonderes für ihr Abschlussfest.
3. Du musst dich **b**esonders beeilen, sonst verpassen wir den **l**etzten Bus.
4. Heinz suchte nichts **B**estimmtes, er wollte nur etwas **E**ssbares finden.
5. Die Kinder freuten sich darüber, besonders die **k**leinen waren ganz aufgeregt.
6. Kein **B**efragter gab die richtige Antwort.
7. Ich muss dir etwas **T**rauriges berichten.
8. Es ist **r**ichtig, dies zu tun.
9. Sie hatte das **f**alsche Heft eingepackt.
10. Es wäre **f**alsch, ihm nachzugeben.
11. Das **W**ichtigste ist schon eingepackt.
12. Er erzählte mir von seiner **l**ustigen Party.

1. Daniela wurde beim Schirennen (die) **Dritte**.
2. Wir stellten uns zu **zweit** an.
3. Als Vierjährige war sie das **erste** Mal beim Zahnarzt.
4. Bei diesem Betrag kannst du noch eine **Null** dranhängen.
5. Robert ist der **Letzte**.
6. Schütten Sie ein **Viertel** Wasser in diesen Behälter!
7. Die **ersten beiden** Anrufer erhalten eine Gratiskarte.
8. Warum dürfen **alle anderen/Anderen** (wenn Betonung beabsichtigt) nach Hause gehen?
9. Haben Sie bitte noch ein **wenig** Geduld.
10. Er hatte selbst nicht **viel** zu essen.
11. Leonard hat heute seinen **ersten** Zahn bekommen.
12. Kaufe bitte ein **Achtel** Butter, **zwei** Liter Milch, ein **Viertel** Schlagobers und ein **halbes** Kilo Brot!

13. Erwin kam erst in die **vierte** Stunde.
14. Gerd sagte mir, dass ihn jemand **anderer/Anderer** (wenn Betonung beabsichtigt) bedient hätte.
15. Zum Schluss kamen die **beiden** endlich auch an die Reihe.
16. Ich möchte gleich beim **ersten** Angebot zuschlagen.
17. „Zum **Ersten**, zum **Zweiten** und zum **Dritten**! Die ersteigerte Vase geht an den Herrn in der **achten** Reihe!"
18. Er hat im Zeugnis nur einen **Vierer** und **drei Dreier**.
19. Wir kommen um **fünf** Uhr und sind zu **acht**.
20. Morgen muss **jeder fünf** Euro für die Busfahrt mitbringen.

1. Wähle bei dieser Telefonnummer eine **Null** vor!
2. Bei der Deutschschularbeit gab es keinen **Fünfer**.
3. Wir sitzen in der **achten** Reihe.
4. Sie trinkt täglich **einen viertel** Liter (einen Viertelliter) Vitaminsaft.
5. Sie schenkte mir die **halbe** Schokolade.
6. Er fuhr das **erste** Mal Schi.
7. Ich muss um **drei viertel zehn** zu Hause sein.
8. Felix hat mehr als **tausend** Sammelkarten.
9. Das Seil ist einen **halben** Meter zu kurz.
10. Schreibe die **Acht** und die **Fünfzehn** auf!
11. Kopieren Sie mir diese Blätter **dreifach**.
12. Um **dreizehn** Uhr kommt der nächste Bus.
13. Ich bekomme **ein Viertel** gemahlenen Kaffee und **einen halben** Liter Milch.
14. Er musste **ein Drittel** der Summe sofort anzahlen.
15. Mein Großvater ist **neunundachtzig** Jahre alt.

1. Er tanzt <u>hervorragend</u> Walzer. ad
2. Sie kocht die <u>besten</u> Spaghetti. at
3. <u>Lustig</u> spielt der <u>junge</u> Kater mit einem <u>roten</u> Wollknäuel. ad, at, at
4. Die <u>neue</u> Lehrerin ist <u>streng</u>. at, pr
5. Sie beurteilt die Schularbeiten <u>streng</u>. ad
6. In meinem <u>schönen</u> Stickeralbum sind nur noch einige Felder <u>leer</u>. at, pr
7. Sie spielt <u>fantastisch</u> Klavier. ad
8. Deine Aufsätze werden immer <u>besser</u>. pr
9. <u>Rasch</u> senden wir Ihnen auch die <u>neueste</u> CD dieser Popgruppe zu! ad, at
10. Das <u>frisch gebackene</u> Brot schmeckt <u>herrlich</u>. at, ad

 Der Apfelbaum und die Tanne
Hinter einem in <u>voller</u> (Adjektiv Mehrstufe, at) Blüte <u>stehenden</u> (1. Partizip, at) Apfelbaum erhob eine Tanne ihren <u>dunklen</u> (Adjektiv, at) Wipfel.
„Du tust mir leid", sagte der Apfelbaum zur Tanne. „Schau dir meine <u>vielen</u> (Adjektiv/Zahladj., at) Blüten an! Sind sie nicht eine Pracht? Aber was hast du aufzuweisen? <u>Grüne</u> (Adjektiv, at) Nadeln, nichts als <u>grüne</u> (Adjektiv, at) Nadeln!"
„Das ist <u>wahr</u> (Adjektiv, pr)", antwortete die Tanne. „Deine Blüten erfreuen die Menschen. Doch wenn der Winter kommt, wirst du <u>kahl</u> (Adjektiv, pr) und <u>entlaubt</u> (2. Partizip, pr) sein und die Menschen werden sich an meinem <u>immergrünen</u> (Adjektiv, at) Nadelkleid erfreuen."

72

1. Das **k**lein **G**eschnittene muss in Öl angebraten werden.
2. Man sollte zum Frühstück viel **R**ohes essen.
3. Auf der Party waren nur **V**erkleidete zu sehen.
4. Wir hatten im Vortrag über Entwicklungshilfe viel **N**eues und **I**nteressantes erfahren.
5. Er musste das Gericht noch ein **w**enig salzen
6. Ich war der **e**rste Schüler unserer Schule, der an der Chemieolympiade teilnahm.
7. Alles **V**erdorbene muss sofort in den Biomüll geschmissen werden.
8. Bei unserem letzten Familientreffen waren die **Ä**lteren in der Überzahl.
9. Sie verließ **w**einend die Schule.
10. Ich musste mich als Pfleger besonders um **B**ehinderte kümmern.
11. Er hat mir nichts **v**erraten.
12. Ich sah etwas **D**unkles am Boden liegen.

73

1. Ich stehe als Erste um halb **sechs** Uhr auf und koche für uns **beide** Kaffee.
2. Für alle **anderen/Anderen** (* wenn Betonung beabsichtigt) bereite ich Tee.
3. Ich stelle Tee und Kaffee, einen **halben** Liter Milch, ein **Achtel** Butter, zwei Vierteltritergläser mit Orangensaft und das Brotkörbchen mit einem halben Kilo aufgeschnittenem Brot auf den Tisch.
4. Einer nach dem **anderen/Anderen*** kommt dann zum Frühstück.
5. Oft bin ich dann die Letzte, die ins Badezimmer kommt.
6. Um spätestens drei viertel sieben müssen alle aus dem Haus gehen.
7. Meistens bin ich die **Erste**, die weggeht.
8. Die Schulkinder gehen erst nach mir zu dritt zur Bushaltestelle.
9. Ich hoffe immer, dass sie **nichts** vergessen.
10. Das **eine/Eine** oder das **andere/Andere*** haben sie schon liegen gelassen/ liegengelassen.

74

Wer ist <u>schneller</u> (Adj. gesteigert: Komparativ = Mehrstufe, pr): **Der Fuchs oder der Hase?**
Das ist eine <u>lebenswichtige</u> (Adj., at) Frage für <u>beide</u> (Zahlwort)!
Für den Hasen, weil er sonst <u>gefressen</u> (2. Partizip, Zeitenbildung: Präsens, Passiv)
wird, für den Fuchs, weil er sonst <u>hungrig</u> (Adj., ad) nach Hause gehen muss.
Natürlich läuft der Fuchs <u>schneller</u> (Adj., Komparativ, ad)! Aber – und das ist der
<u>springende</u> (1. Partizip, at) Punkt – nur auf <u>kurze</u> (Adj., at) Strecken.
Der Fuchs ist ein „Sprinter", der es nicht auf <u>lange</u> (Adj., at) Verfolgungsjagden ankommen
lassen kann. Füchse schleichen sich an und starten dann Überraschungsangriffe.
Der Hase ist ein <u>besserer</u> (Adj., Komparativ, at) „Starter", hat aber <u>weniger</u>
(Adj., Komparativ, at) Ausdauer.
Hasen „hoppeln", das heißt, sie springen mit den Hinterbeinen und schleudern sie vor
die Vorderbeine. Hasen spielen mit sich selber „Bockspringen".
Vom Fuchs <u>aufgestöbert</u> (2. Partizip – Partizipialgruppe) jagt der Hase los, meist ganz
<u>knapp</u> (Adj., ad) vom Fuchs <u>verfolgt</u> (2. Partizip – Partizipialgruppe), der ihn
wahrscheinlich einholen würde.
Da aber zeigt sich die <u>beste</u> (Adj., Superlativ, at) Fähigkeit des Hasen: Er kann „Haken
schlagen", springt also plötzlich und <u>unvorhersehbar</u> (Adj., ad) nach der Seite. Das
kann der Fuchs nicht. Der Fuchs rennt also eine Kurve, jagt dem Hasen nach, bis
der den <u>nächsten</u> (Adj., Superlativ zu nahe, at) Haken schlägt. Nun hängt es von der
Kondition des Hasen ab: Schafft er <u>einige</u> (Zahlwort, at) Haken, dann ist der Fuchs
<u>erschöpft</u> (2. Partizip, pr), fällt zurück und gibt auf.
Ist der Hase <u>krank</u> (Adj., pr) oder <u>geschwächt</u> (2. Partizip, pr), dann ermüdet er, der
Fuchs kann aufholen und wird ihn erwischen.

* (wenn Betonung beabsichtigt)

22

 75 1. <u>Dort</u> (Wo? Lokaladverb) <u>oben</u> (Wo? Lokaladverb) ist besonders viel Platz!
2. <u>Gestern</u> (Wann? Temporaladverb) konnte er wegen Halsschmerzen <u>kaum</u> (Wie? Modaladverb) reden.
3. <u>Bald</u> (Wann? Temporaladverb) werden auf dieser Wiese <u>überall</u> (Wo? Lokaladverb) die ersten Schneeglöckchen blühen.
4. Fahren Sie diese <u>linke</u> (Was für eine? Lokaladverb attributiv gebraucht) Quergasse bis zur nächsten Ampel hinunter!
5. Er überprüft <u>stündlich</u> (Wann? Temporaladverb) die Beatmungsmaschine des Patienten.
6. Die alte Dame war für ihr Alter <u>ziemlich</u> (Wie? Modaladverb) sportlich.
7. Sie sollte die warme Jacke <u>trotzdem</u> (Warum? Kausaladverb) mitnehmen.
8. Sie werden <u>nirgends</u> (Wo? Lokaladverb) ein Ersatzauto bekommen.
9. Von <u>früh</u> (Wann? Temporaladverb) bis <u>spät</u> (Wann? Temporaladverb) fahren die Autos durch diese kleine Ortschaft.
10. Florian trägt seine Mütze <u>drinnen</u> (Wo? Lokaladverb) und <u>draußen</u> (Wo? Lokaladverb).

 76 1. auch/genauso/innen/nirgends/einst/links/dort/oben/dadurch/drinnen/dennoch
2. morgen/nun/folglich/nie/daher/darum/irgendwo/vorn
3. da/jetzt/früh/sehr/gern/so/fast/spät/besonders/sicherlich
4. deswegen/dazu/also/damit/sonst/gestern/damals/überall/trotzdem/außen/sicher/kaum
5. gewiss/unbedingt/völlig/deshalb/heute/mittags/ziemlich
6. hier/abends/stündlich/unten/rechts/bald/infolgedessen/ja

Adverbien des Ortes: innen, nirgends, links, dort, oben, drinnen, da, irgendwo, vorn, hier, unten, rechts, überall, außen
Adverbien der Zeit: einst, jetzt, früh, spät, morgen, nun, nie, heute, mittags, abends, stündlich, bald, gestern, damals
Adverbien der Art und Weise: auch, genauso, sehr, gern, so, fast, besonders, sicherlich, gewiss, unbedingt, völlig, ziemlich, ja, sicher, kaum
Adverbien des Grundes: dadurch, dennoch, folglich, daher, darum, deshalb, infolgedessen, deswegen, dazu, also, damit, sonst, trotzdem

 77 **Adverbien des Ortes:** außen
Adverbien der Zeit: dann
Adverbien der Art und Weise: fast, auch, noch, sehr, so
Adverbien des Grundes: daher, also

 78 selbstverständlich – Adjektiv (ad)   reif – Adjektiv (pr, weil mit „werden" gebraucht)
echte – Adjektiv (at)   kreisrunden – Adjektiv (at)
fleischigen – Adjektiv (at)   frische – Adjektiv (at)
blutend – 1. Partizip (ad)   wunderbar – Adjektiv (ad)
geschunden – 2. Partizip (ad)   zäh – Adjektiv (pr)
dicht – Adjektiv (ad)   faserig – Adjektiv (pr)
rund – Adjektiv (ad)

„Hier in Indien begegnen wir allen Lebewesen mit Ehrfurcht und Achtsamkeit", sagte mir ein alter Hindu, der deshalb folgende Geschichte erzählte:

„Damals, als ich ein Junge war, erzählte mir mein Vater diese Geschichte.
Ein Elefant ging täglich zum heiligen Fluss Ganges um sich dort zu waschen und zu trinken. Er kam immer bei einer alten Hütte vorbei. Dort saß ein alter Schneider und nähte schöne Kleider für die Reichen und flickte alte Mäntel für die Armen. Neben (Präposition) sich hatte er einen kleinen Korb mit Früchten stehen.
Jedes Mal blieb der Elefant stehen, senkte seinen Kopf und bat so um eine kleine Gabe. Obwohl (Konjunktion) der Schneider selbst arm war, gab er dem Bittenden sehr gern ein Stück Obst. Der alte Schneider war bald nicht mehr in der Lage zu arbeiten und musste drinnen in der Hütte bleiben. Der einzige Sohn, der keineswegs wie sein Vater die indische Lebensweisheit beachtete, war geizig und rücksichtslos gegen andere. Von morgens bis abends saß er vor der Hütte und verrichtete seine Näharbeit. Neben ihm stand auch der Obstkorb.
Wie immer kam der Elefant, neigte sein Haupt und wollte mit seinem Rüssel schon nach einem Apfel greifen. Kurzerhand stach ihn der Geizhals mit seiner Nadel in den Rüssel. Der Dickhäuter brüllte auf und lief weg. Der gehässige Schneider lachte nur.
Der alte Mann hatte von drinnen das Geschehen beobachtet und war deswegen sehr betrübt.
Beim Rückweg allerdings blieb der Elefant nochmals vor der Hütte stehen. Er hatte dem jungen Schneider etwas mitgebracht. Sogleich ergoss sich aus dem Rüssel des Elefanten ein heftiger Wasserstrahl über diesen. Der Alte in der Hütte, der den völlig nassen Sohn draußen wild umherspringen sah, lachte: „Der Elefant hat dir heute die Großzügigkeit erwiesen, die du ihm verwehrt hast, er hat dir heiliges Wasser aus dem Ganges geschenkt."

Adverbien des Ortes: hier, dort, dort, drinnen, drinnen, draußen
Adverbien der Zeit: damals, täglich, immer, bald, morgens, abends, immer, schon, nochmals, sogleich, heute
Adverbien der Art und Weise: so, sehr, gern, keineswegs, auch, kurzerhand, nur, sehr, allerdings, völlig
Adverbien des Grundes: deshalb, deswegen

1. Hier (Ortsadverb) blühen die Rosen wieder (Zeitadverb) in den herrlichsten (Adjektiv, Superlativ, at) Farben.
2. Abends (Zeitadverb) in der Dämmerung sieht man oft (Zeitadverb) große (Adjektiv, at) Fledermäuse.
3. Das einst (Zeitadverb) so (Artadverb) grüne (Adjektiv, at) Gras ist ganz (Artadverb) trocken (Adjektiv, pr) und verdorrt (2. Partizip, pr).
4. Sie goss siedend (1. Partizip, at) heißes (Adjektiv, at) Wasser über die grünen (Adjektiv, at) Bohnen.
5. Dort (Ortsadverb) gibt es gebratenen (2. Partizip, at) und rohen (Adjektiv, at) Fisch zu kaufen.
6. Am liebsten (Adjektiv, Superlativ, ad) schaukelt er sich draußen (Ortsadverb) in der neu (Adjektiv, ad) gekauften (2. Partizip, at) Hängematte.
7. Flussaufwärts (Ortsadverb) beobachteten wir eine im Wasser spielende (1. Partizip, at) Kindergruppe.
8. Es gibt hier (Ortsadverb) sehr (Artadverb) viele (Adjektiv, at) Insekten, unter anderem blutsaugende (1. Partizip, at) Bremsen.

9. Aus der <u>weiten</u> (Adjektiv, at) Ferne hörten wir noch das <u>ratternde</u> (1. Partizip, at) Motorgeräusch seines <u>verrosteten</u> (2. Partizip, at) Mopeds.
10. <u>Sehr</u> (Artadverb) <u>früh</u> (Zeitadverb) weckte uns das <u>laute</u> (Adjektiv, at) Gegacker der Hühner.

---

 1. Die Obsternte ist heuer sehr gut ausgefallen, **weil** der Sommer heiß **und** die Niederschläge ausreichend waren. (**weil**: unterordnend, HS + GS; **und**: Wortgruppe)
2. **Da** du nicht angerufen hast, bin ich alleine losgefahren. (unterordnend, GS + HS)
3. Er feiert seinen fünfzehnten Geburtstag **und** möchte gern eine Party machen. (nebenordnend HS + HS mit einem gemeinsamen Subjekt)
4. Mein Hund freut sich darüber, **dass** ich nach einer Woche Schikurs wieder zu Hause bin. (unterordnend, HS + GS)
5. Der Techniker konnte den Fehler nicht finden, **obwohl** er das ganze System überprüft hatte. (unterordnend, HS + GS)
6. Franz meldet sich für das Freifach Französisch an (,) **und** Herbert wählt das Freifach Spanisch. (nebenordnend, HS + HS)
7. Unser Klassenzimmer wurde ausgemalt, **während** wir auf Sprachaustausch in Italien waren. (unterordnend, HS + GS)
8. Heute gibt es Schinkenfleckerl **oder** Käsespätzle zu Mittag. (nebenordnend, Wörter)
9. Rosi möchte unbedingt am Wochenende mit mir ins Kino gehen, **aber** ich muss für die Schularbeit lernen **und** ein Referat vorbereiten. (**aber**: nebenordnend, HS + HS; **und**: Wortgruppe)
10. Felizitas hat ein Herz für Tiere (,) **und** sie besitzt viele Haustiere. (nebenordnend, HS + HS)
11. Später möchte sie Tierärztin **oder** Tierpflegerin werden. (Wortgruppen)
12. Jakob wünscht sich zu Weihnachten Geld, **denn** er spart auf ein tolles Skateboard. (nebenordnend, HS + HS)
13. Sabrina hat sich selbst ein Kleid genäht, **obwohl** sie keine Schneiderin ist. (unterordnend, HS + GS)
14. Es fing gerade zu regnen an, **als** wir das Zelt aufgestellt hatten. (unterordnend HS + GS)
15. **Da** er schon 16 Jahre alt ist **und** den Mopedführerschein gemacht hat, darf Gregor bereits mit seinem neuen Moped in die Schule fahren. (**da**: unterordnend, GS mit zwei Prädikaten **und** Wortgruppe + HS)
16. Karin fuhr mit der Straßenbahn **und** ging anschließend noch 15 Minuten zum vereinbarten Treffpunkt. (nebenordnend, HS + HS mit einem gemeinsamen Subjekt)

 Petersilie ist nicht gleich Petersilie
Ich kann nicht behaupten, **dass** (K) ich ein Naturfreund bin. Biologie ist auch nicht meine Stärke, besonders nicht Pflanzenkunde. Aber **dass** (K) es ganz nützlich sein kann, sich im „Reich der Pflanzen" ein wenig auszukennen, **das** (DP) soll die Erzählung von folgendem Erlebnis zeigen.
In den Sommerferien verbringe ich immer ein paar Tage auf dem Bauernhof meiner Großeltern. **Das** (DP) macht mir wirklich Spaß und ich genieße als Großstädter diese Abwechslung. Meine Mutter meint, **dass** (K) mir die Landluft gut täte, und mein Vater sagt, **dass** (K) mir ein bisschen Mithelfen in der Landwirtschaft nicht schaden könnte. Einmal war meine Oma mit dem Kochen des Mittagessens gerade so beschäftigt, **dass** (K) sie mich bat, in den Küchengarten zu laufen, um Petersilie zu holen. Schnurstracks eilte ich in den Garten und zupfte am Rand eines Beetes ein paar Hälmchen ab – in der Hoffnung, es sei **das** (A) Gewünschte.

„**Das** (DP) ist Schnittlauch!", bemerkte meine Oma lachend. „Danke, den brauche ich für die Rindsuppe, aber Petersilie brauche ich trotzdem für die Petersilkartoffeln." Ahnend, **dass** (K) ich nicht wüsste, wie denn Petersilie aussehe, beschrieb sie mir die Pflanze.

Ohne mir anmerken zu lassen, **dass** (K) ich **das** (DP) wirklich nicht wusste, wie **das** (A) Kraut ausschaut, lief ich erneut zum Kräuterbeet. „Leicht gezackte Blätter, dunkelgrüner Stängel", wiederholte ich andauernd, so**dass** (K) ich es nicht vergessen konnte. Am Wegrand fand ich **das** (A) Gesuchte, **das** (RP) ich sogleich ausrupfte. Zur Sicherheit kostete ich ein Blättchen, fand aber nichts für Petersilie Typisches im Geschmack. Stolz reichte ich meiner Oma **das** (A) Sträußchen mit der vermeintlichen Petersilie. „**Das** (DP) ist giftig! **Das** (DP) ist wilde Petersilie! Die darf man auf keinen Fall essen und schon gar nicht **das** (A) ganze Büschel über die Erdäpfel streuen!", ermahnte mich meine Großmutter.

Das (DP) traf mich wie ein Schlag in die Magengrube. Mir stockte der Atem und der Angstschweiß stand mir plötzlich auf der heißen Stirn. Ich hatte **das** (A) Giftkraut gegessen und spürte bereits, **dass** (K) es wirkte.

„Wie lange dauert es, bis **das** (A) Gift wirkt?", fragte ich zaghaft. Oma drehte sich beiläufig vom Herd zu mir und lächelte: „Da müsstest du ein Kuhmaul voll geschluckt haben, **dass** (K) du dich wirklich in Lebensgefahr bringst. Von einer kleinen Menge wird dir höchstens übel. Aber man sollte weder Kräuter noch Früchte essen, die man nicht genau kennt! **Das** (DP) ist eine wichtige Regel in der Natur!"

Erleichtert erhob ich mich von der Bank und spazierte mit Oma in den Garten, um ein bisschen Nachhilfe in Sachen Natur zu erhalten.

---

1. Wir sitzen <u>auf</u> (3.) dem Geländer <u>vor</u> (3.) unserem Schuleingang.
2. Die aufgebrachten Arbeiter demonstrieren <u>gegen</u> (4.) die neuen Arbeitsgesetze.
3. <u>Im</u> (in dem, 3.) Schulhof ist Rauchen strengstens verboten.
4. Die Schüler fragen <u>nach</u> (3.) ihren Noten <u>auf</u> (4.) die Deutschschularbeit.
5. Nächstes Schuljahr werde ich nicht <u>mit</u> (3.) meiner besten Freundin <u>in</u> (4.) die Klasse gehen.
6. Jeder Schüler wird <u>für</u> (4.) eine Woche <u>zum</u> (zu dem, 3.) Klassenordner eingeteilt.
7. Wir trennen den Müll <u>in</u> (4.) Papier, Plastik und Restmüll.
8. <u>Auf</u> (3.) dem Fensterbrett sitzt ein kleiner Spatz und klopft <u>mit</u> (3.) dem Schnabel <u>gegen</u> (4.) die Scheibe.
9. <u>Neben</u> (3.) dem ernsten Ferdinand sitzt die lustige Marie schon <u>seit</u> (3.) dem Schulbeginn.
10. Sie müssen <u>an</u> (3.) dem Zeitschriftenstand vorbeigehen und <u>in</u> (4.) die nächste Seitengasse einbiegen.
11. <u>Anstelle</u> (2.) seiner Schwester lernte ich seinen Bruder kennen.
12. <u>Trotz</u> (2.) des Lärms konnte der Übermüdete tief und fest schlafen.
13. <u>Während</u> (2.) der großen Ferien besuchte ich einen Sprachkurs <u>in</u> (3.) einer bekannten Schule Englands.
14. <u>Neben</u> (3.) der kleinen Hütte befindet sich ein herrliches Plätzchen <u>zum</u> (zu dem, 3.) Verweilen.

---

1. Katharina will <u>beim</u> Rechnen unbedingt die Erste werden.
2. <u>Beim</u> Einatmen habe ich große Schmerzen in der Brust.
3. Sie möchte die Wartezeit lieber <u>im</u> Stehen verbringen.
4. <u>Vom</u> lauten Reden bekomme ich immer starkes Halsweh.
5. Ich erkenne ihn <u>am</u> schlurfenden Gang.

6. <u>Durch</u> kurzes Schlafen schwächst du deinen Körper.
7. Er überredete sie <u>zum</u> längeren Aufbleiben.
8. Sylvia nimmt <u>zum</u> Schreiben nur ihre Füllfeder.
9. Diese Diskonttankstelle verkauft Benzin <u>zum</u> niedrigsten (Adjektiv im Superlativ) Preis.
10. Diese Blasen habe ich <u>vom</u> weiten Gehen zum Strand.

 Ein welkes Blatt trieb <u>im</u> (3.) Wind dahin und begegnete einem Vogel.
„Sieh", raschelte es voller Stolz, „ich kann fliegen wie du."
„Wenn du fliegen kannst, dann mach es mir nach (nachmachen)!", antwortete der
Vogel, wendete und steuerte <u>mit</u> (3.) kräftigen Flügelschlägen <u>gegen</u> (4.) den Wind.
Das Blatt aber wirbelte hilflos weiter. Als der Wind sich legte, fiel es <u>in</u> (4.) einen Bach,
der munter plätschernd <u>durch</u> (4.) den Wiesengrund floss. Nun segelte das Blatt
<u>auf</u> (3.) den Wellen und gluckste den Fischen zu: „Seht mich an (ansehen), ich kann
schwimmen wie ihr."
Die stummen Fische konnten ihm keine Antwort geben und widersprachen ihm daher
nicht. „Das sind anständige Geschöpfe", sagte das Blatt <u>zu</u> (3.) sich, „die lassen
gelten, dass auch ein anderer dasselbe kann wie sie."
Weiter und weiter glitt das Blatt und merkte nicht, dass es sich immer mehr <u>mit</u> (3.)
Wasser vollsog und schon durch und durch (= ganz) verrottet war.

- essbar (Adjektiv), das Essen (Nomen), essen (Verb, Infinitiv oder 1. + 3. P. Pl.,
  Präsens), Esst! (Imperativ, Pl.) Iss! (Imperativ, Sg.), isst (2. + 3. P. Sg., Präsens),
  gegessen (2. Partizip), essend (1. Partizip)
- schnitt (1. + 3. P. Sg., Präteritum), der Schnitt (Nomen), schneiden (Verb, Infinitiv
  oder 1. + 3. P. Pl. Präsens), schneide (1. P. Sg. Präsens), Schneide! (Imperativ
  Sg.), die Schneid(e) (Nomen), der Schneider (Nomen), abschneiden (Infinitiv),
  geschnitten (2. Partizip)
- sich schrecken (Infinitiv), der Schreck (Nomen), schreckhaft (Adjektiv),
  erschrecken (Infinitiv oder 1. + 3. P. Pl., Präsens), geschreckt (2. Partizip von
  schrecken), erschrocken (2. Partizip von erschrecken), Heuschrecke (zusammen-
  gesetztes Nomen), schrecklich (Adjektiv)
- fließen (Infinitiv oder 1. + 3. P. Pl., Präsens), floss (3. P. Sg., Präteritum), der Fluss
  (Nomen), geflossen (2. Partizip), fließt (2. + 3. P. Sg., Präsens), fließend (1. Partizip)
- gießen (Infinitiv oder 1. + 3. P. Pl., Präsens), goss (1. + 3. P. Sg. Präteritum), der
  Guss (Nomen), gießend (1. Partizip), gegossen (2. Partizip), die Gießkanne
  (zusammengesetztes Nomen), gießt (2. + 3. P. Sg., Präsens), gossen (1. + 3. P. Pl.,
  Präteritum), vergießen (Infinitiv oder 1. + 3. P. Pl., Präsens)
- ziehen (Infinitiv oder 1. + 3. P. Pl., Präsens), zog (1. + 3. P. Sg., Präteritum), der Zug
  (Nomen), der Entzug (Nomen), entziehen (Infinitiv oder 1. + 3. P. Pl., Präsens),
  gezogen (2. Partizip), zieht (3. P. Sg., Präsens), erziehend (1. Partizip), die Erziehung
  (Nomen), die Zügel (Nomen), der Luftzug (zusammengesetztes Nomen), erziehbar
  (Adjektiv)
- der Schwimmer (Nomen), der Schwamm (Nomen), schwamm (1. + 3. P. Sg.,
  Präteritum), geschwommen (2. Partizip), schwimmend (1. Partizip), Schwimm!
  (Imperativ, Sg.)
- der Mäher (Nomen), mähend (1. Partizip), der Mähdrescher (zusammengesetztes
  Nomen), mähte (1. + 3. P. Sg., Präteritum), gemäht (2. Partizip), der Rasenmäher
  (zusammengesetztes Nomen)

- der Tropfen (Nomen), tropfen (Infinitiv oder 1. + 3. P. Pl., Präsens), tröpfelt (3. P. Sg., Präsens), tropfend (1. Partizip), getropft (2. Partizip), der Tropfstein (zusammengesetztes Nomen), tröpfelnd (1. Partizip)
- das Schreiben (Nomen), schreiben (Infinitiv oder 1. + 3. P. Pl., Präsens), schrieb (1. + 3. P. Sg., Präteritum), der Schrieb (umgangsprachliches Nomen), geschrieben (2. Partizip), schreibst (2. P. Sg., Präsens), schreibend (1. Partizip), beschreibbar (Adjektiv)
- die Zahl (Nomen), zählen (Infinitiv oder 1. + 3. P. Pl., Präsens), zahlbar (Adjektiv), einzahlen (Infinitiv), die Einzahl (Nomen), bezahlen (Infinitiv oder 1. + 3. P. Pl., Präsens), die Bezahlung (Nomen), Zähle! (Imperativ, Sg.), zählend (1. Partizip), gezählt (2. Partizip), zahlend (1. Partizip), verzählen (Infinitiv oder 1. + 3. P. Pl., Präsens), die Anzahl (Nomen), gezahlt (2. Partizip) = zwei Wortfamilien : zahlen und zählen

---

87 | **Nomen:** das Gut, das Glück, die Tat, die Zahlen, die Ferien, das Ideal, das Vermögen, das Sein, der Sinn, die Schnellsten, der Trotz
Pronomen: mich, dieser, wer, ich, sein, man, welche
Verb: werde, (er) tat, (sie) zahlen, (sie) vermögen, sein, bauen, (er) gibt, (er) zog
Adjektiv: gut, regelmäßig, besser (= Komparativ), fügsam, ideal, lustig, schnellsten (= Superlativ), eng, mehr (= Komparativ)
Adverb: so, hier, fast, vorwärts, ja, darum, kaum
Präposition: in, gegen, auf, von, bei, trotz
Konjunktion: dass, sondern, indem, nachdem, als, und

---

88 | **Verb:** muss, gegeben, waren, denke, ist, sind, lebende (Partizip 1), könnten
Nomen: Maus, Nagetiere, Mäulchen, Schaden
Adjektiv: kleinen, wolligen, echte, klar, lange, spitze, nützlich
Pronomen: man, das, sie, ihnen, ihre, uns
Artikel: der, eine, die, ein, einem
Adverb: sehr, oft, nur, auch, oben, unten, überaus, sonst
Präposition: mit, von, an, bei, ins (in das)
Konjunktion: sondern, und, oder, wenn, weil

---

89 1. HILFSZEITWORT, 2. VORZUKUNFT, 3. UMSTÄNDE, 4. MITVERGANGENHEIT, 5. MITTELWORT, 6. ENG, 7. HEBET, 8. VORNE, 9. ZUM, 10. WESSEN, 11. MEHR, 12. WEN, 13. WOLLEN, 14. MIR, 15. ZUKUNFT, 16. IST, 17. VORWORT, 18. BINDEWÖRTER, 19. UND, 20. DU, 21. HOB, 22. EIGENSCHAFTSWORT, 23. NACHDEM, 24. MATT, 25. WIR, 26. SEIN, 27. DASS, 28. AM, 29. ICH, 30. MAN, 31. WENN, 32. WERDENWACHSEN, 33. WANNE, 34. NAH, 35. ERST, 36. WERDE, 37. SAAL, 38. BETE, 39. SAUGT, 40. LADEAUF, 41. RETTER, 42. NEIGT, 43. KÖNNEN, 44. ZUR, 45. STELLEN, 46. SETZTE, 47. DOM, 48. ZU, 49. ER, 50. VOM, 51. VORNE, 52. ER, 53. ZIEHST, 54. EN, 55. UNS, 56. IM, 57. WER, 58. WEM, 59. NUN, 60. WORT

90 1. LÄSST, 2. LÄSEST, 3. GEGRIFFEN, 4. SO, 5. SO, 6. ES, 7. NAMENWORT, 8. SO, 9. ZEITWORT, 10. GEGENWART, 11. NENNFORM, 12. BEFEHLSFORM, 13. MÖGLICH-KEITSFORM, 14. WIRKLICHKEITSFORM, 15. WO, 16. DA, 17. ODER, 18. TUST, 19. ZAHL, 20. ISTGEDÜNGT, 21. FÜRWORT, 22. GESUCHT, 23. ES, 24. WIRDFLIEGEN, 25. HATTEGEBOTEN, 26. HATGESAET, 27. GEFÜHL, 28. SPRINGEND, 29. WÜRDEN, 30. SEIN, 31. NOMEN, 32. MEIN, 33. WAL, 34. MIR, 35. LESE, 36. UND, 37. MÖGEN, 38. LASSE, 39. VEREINE, 40. BIEGEND, 41. INS, 42. MIT, 43. KOMMT, 44. SO, 45. EINER, 46. DU, 47. DAS, 48. OBST, 49. BESSER, 50. HASEN, 51. NUN, 52. SAFT, 53. ER, 54. DENN, 55. SOLL, 56. NIE, 57. GENOSSEN, 58. ALT, 59. SICH, 60. EIN, 61. DEIN, 62. NIE, 63. SEI, 64. AN, 65. IN, 66. ESSE, 67. NIE, 68. ISST, 69. NUN, 70. VERGANGENHEIT, 71. VOM, 72. WÄRE, 73. SO, 74. IM, 75. ROSS, 76. AHNT, 77. HABEN, 78. SIE, 79. GIER, 80. HINEIN, 81. OB, 82. DEINE, 83. EURE, 84. ALS, 85. WEIL, 86. WAS, 87. IM, 88. DIE, 89. AN, 90. SOHN, 91. SO, 92. NIE, 93. DA, 94. DIE

Lösungswort: AUFSTEIGEN

91 **Was isst man beim Spargel?**

Spargel **(N)** ist **(V)** eine **(uA)** der **(A)** wenigen **(Adj)** Pflanzen **(N)**, bei **(Prä)** der **(RP)** man **(IP)** den **(A)** Stängel **(N)** isst **(V)**.

Der **(A)** Spargel **(N)** ist **(V)** eine **(uA)** ganz **(Adv)** normale **(Adj)** Pflanze **(N)** mit **(Prä)** fein **(Adj)** verästeltem **(V 2. P)** Stängel **(N)** und **(Konj)** nadelförmigen **(Adj)** Blättern **(N)**, er **(PP)** bekommt **(V)** kleine **(Adj)** weiße **(Adj)** Blüten **(N)** und **(Konj)** rote **(Adj)** Früchte **(N)**.

Einen **(uA)** nahen **(Adj)** Verwandten **(N)** von **(Prä)** ihm **(PP)** kennst **(V)** du **(PP)** vielleicht **(Adv)** als **(Konj)** Zimmerpflanze **(N)**: Es **(PP)** ist **(V)** der **(A)** Asparagus **(N)**.

Jedes **(IP)** Jahr **(N)** im **(Prä)** Frühling **(N)** treibt **(V)** der **(A)** Spargel **(N)** aus **(Prä)** seinem **(PoP)** unterirdischen **(Adj)** Wurzelstock **(N)** Stängel **(N)** nach **(Prä)** oben **(Adv)**. Solange **(Konj)** sie **(PP)** unter **(Prä)** der **(A)** Erde **(N)** sind **(V)**, sind **(V)** sie **(PP)** bleich **(Adj)**, dick **(Adj)**, weich **(Adj)** und **(Konj)** haben **(V)** eine **(uA)** dünne **(Adj)** Haut **(N)**. Sobald **(Konj)** sie **(PP)** aus **(Prä)** der **(A)** Erde **(N)** sprießen **(V)**, wird **(V)** der **(A)** Stängel **(N)** hart **(Adj)**, dünn **(Adj)** und **(Konj)** grün **(Adj)**.

Also **(Adv)** häuft **(V)** man **(IP)** Erdhaufen **(N)** von **(Prä)** einem **(uA)** halben **(Zahladj)** Meter **(N)** Höhe **(N)** über **(Prä)** den **(A)** Wurzelstock **(N)**, dann **(Adv)** entstehen **(V)** lange **(Adj)**, weiche **(Adj)**, dicke **(Adj)**, dünnhäutige **(Adj)** Sprossen **(N)** – eben **(Adv)** die **(A)** Spargelsprossen **(N)**, die **(RP)** man **(IP)** dann **(Adv)** abschneidet **(V)** und **(Konj)** kochen **(V)** und **(Konj)** essen **(V)** kann **(V Modalverb)**.

Erntet **(V)** man **(IP)** sie **(PP)** nicht **(Neg)**, dann **(Adv)** wachsen **(V)** sie **(PP)** zu **(Prä)** großen **(Adv)** Stauden **(N)** aus **(zum V)**, die **(RP)** auch **(Adv)** Blüten **(N)** hervorbringen **(V)**.

Die **(DP)** braucht **(V)** man **(IP)**, wenn **(Konj)** man **(IP)** jemals **(Adv)** Samen **(N)** vom **(Prä)** Spargel **(N)** ernten **(V)** will **(V Modalverb)**.

92

lateinische Bezeichnung	deutsche Bezeichnung
adverbiale Bestimmung	Umstandsergänzung
Attribut	Beifügung
Objekt	Ergänzung
Prädikat	Satzaussage
Präpositionalobjekt	Vorwortergänzung
Subjekt	Satzgegenstand

H	A	D	F	G	H	J	K	O	N	E	N	A	L	P	R	Ä	T	U	D
A	P	F	G	H	O	K	L	P	O	T	E	S	M	R	K	W	O	R	T
J	R	U	A	B	S	H	S	U	B	D	C	B	A	Ä	R	N	M	G	P
M	Ä	R	F	G	U	Ä	C	R	J	E	S	T	A	O	J	O	W	B	R
A	D	V	E	R	B	I	A	L	E	B	E	S	T	I	M	M	U	N	G
F	I	U	S	T	J	E	R	G	K	H	V	I	E	H	M	E	I	M	S
Z	K	A	Z	T	E	P	A	T	T	R	I	B	U	T	W	A	S	L	A
R	A	M	E	I	K	A	A	I	U	E	R	T	Z	G	R	B	Z	K	O
T	T	W	A	S	T	R	T	U	P	V	O	Ü	D	B	E	R	T	U	T
W	V	R	B	Z	K	I	U	I	A	R	U	Ä	E	T	V	B	N	Z	I
E	P	R	Ä	P	O	S	I	T	I	O	N	A	L	O	B	J	E	K	T
Z	R	N	A	Z	T	Z	P	Ü	A	D	M	I	W	K	A	G	L	Z	R

 **93 + 97**

Prädikat, **Subjekt**

1. Am gestrigen Herbsttag <u>haben</u> **wir** eine Radtour <u>gemacht</u>. (Hilfsverb + 2. Partizip)
2. **Der Herbst** <u>ist</u> die ideale Jahreszeit zum Wandern.

3. **Doris** <u>möchte</u> die letzten warmen Sonnenstrahlen <u>genießen</u>. (Modalverb, Infinitiv)
4. **Sie** <u>stellt</u> für sich einen Liegestuhl <u>auf</u>. (Verb + Verbzusatz)
5. **Peter** <u>freut sich</u> auf die Weinlese. (sich = Reflexivpronomen, gehört zum Prädikat)

6. Schon bald <u>kann</u> **er** süßen Most <u>genießen</u>. (Modalverb + Infinitiv)
7. Im Oktober <u>feiert</u> **man** das Erntedankfest.

8. Dafür <u>wird</u> dann **eine Erntekrone aus Getreideähren und Weinlaub** <u>gemacht</u>.
(Hilfsverb + 2. Partizip)
Dafür <u>wird</u> dann **eine Erntekrone** (S) aus Getreideähren und Weinlaub (PO)
<u>gemacht</u>.

9. **Die Tage** <u>werden</u> <u>kürzer</u> und **die Nächte** <u>werden</u> <u>länger</u>. (Hilfsverb + prädikativ
gebrauchtes Adjektiv; Hilfsverb + prädikativ gebrauchtes Adjektiv)

10. Bald <u>wird</u> **es** <u>kälter</u> und **wir** <u>freuen uns</u> über den ersten Schnee. (Hilfsverb +
prädikativ gebrauchtes Adjektiv; Verb + Reflexivpronomen)

 94

Im September / werden / viele Zugvögel / Richtung Süden / fliegen.
(Im September / werden / Richtung Süden / viele Zugvögel / fliegen.)
Viele Zugvögel / werden / im September / Richtung Süden / fliegen.
(Viele Zugvögel / werden / Richtung Süden / im September / fliegen.
Richtung Süden / werden / im September / viele Zugvögel / fliegen.
(Richtung Süden / werden / viele Zugvögel / im September / fliegen.)

Durch die **Verschiebeprobe** weiß ich, welche Wörter im Satz zusammengehören
(= ein **Satzglied** bilden). Wörter, die zu einem Satzglied gehören, können nur
gemeinsam verschoben werden.
Das Prädikat (Personalform) steht im Aussagesatz immer an **2. Satzgliedstelle**.

95
1. Am gestrigen Herbsttag / haben / wir / eine Radtour / gemacht. (4 Satzglieder)
2. Der Herbst / ist / die ideale Jahreszeit zum Wandern. (3 Satzglieder)
   ODER: Der Herbst / ist / die ideale Jahreszeit / zum Wandern. (4 Satzglieder)
3. Doris / möchte / die letzten warmen Sonnenstrahlen / genießen. (3 Satzglieder)
4. Sie / stellt / für sich / einen Liegestuhl / auf. (4 Satzglieder)
5. Peter / freut sich / auf die Weinlese. (3 Satzglieder)
6. Schon bald / kann / er / süßen Most / genießen. (4 Satzglieder)
7. Im Oktober / feiert / man / das Erntedankfest. (4 Satzglieder)
8. Dafür / wird / dann / eine Erntekrone aus Getreideähren und Weinlaub / gemacht. (4 Satzglieder)
   ODER: Dafür / wird / dann / eine Erntekrone / aus Getreideähren und Weinlaub / gemacht. (5 Satzglieder)
9. Die Tage / werden / kürzer, und / die Nächte / werden / länger. (2 Sätze zu je 3 Satzgliedern)
10. Bald / wird / es / kälter / und / wir / freuen uns / über den ersten Schnee. (1 Satz zu 4 Satzgliedern und 1 Satz zu 3 Satzgliedern)

 96
1. Morgen möchte <u>mein Bruder</u> eine Radtour machen.
2. … wie jedes Jahr <u>das traditionelle Sommerkonzert der Stadtkapelle</u> statt.
3. Ob <u>es</u> regnet oder ob <u>es</u> schneit, <u>er</u> geht mit seinem Hund eine Runde spazieren.
4. Am Donnerstag treffen sich <u>Birgit und Felix</u> zum gemeinsamen Üben.
5. „Habt <u>ihr</u> schon den neuesten ‚Harry Potter' gelesen?", fragte uns <u>unsere Deutschlehrerin</u>.
6. Nach Weihnachten fahren <u>mein Bruder und ich</u> auf einen Schikurs nach Schladming.
7. In der Eile konnte <u>sie</u> die wichtigen Unterlagen nicht finden.
8. Glaubst <u>du</u> ihr das?
9. <u>Die Sonne</u> brannte vom Himmel und <u>die Luft</u> flimmerte mir vor den Augen.
10. <u>Alle Schüler unserer Klasse und alle unsere Lehrer</u> kommen zum Schulschlussfest.
11. Vom langen Wandern brannten ihnen <u>die Fußsohlen</u>.
12. Kannst <u>du</u> mir sagen, was <u>ich</u> ihr sagen soll?
13. <u>Die Freundin meines Bruders</u> besuchte mich im Krankenhaus.
14. <u>Ein Anzug aus dunkelgrüner Seide</u> hängt in meinem Kasten.

 98
1. Kennst du diesen neuen Schüler, der gestern mit dem Fahrrad im Schulhof meinen Freund zusammengeführt hat?
2. Er schenkte seinem kleinen Bruder zu seinem Geburtstag einen Lederfußball.
3. In den großen Ferien besuchte sie mit mir einen Aquarellkurs.
4. Sie teilte den Apfel in drei gleich große Teile.
5. Sie versprach ihrem Vater pünktlich nach Hause zu kommen.
6. Wir dankten dem netten Hausherrn für den freundlichen Empfang.
7. Die Schüler versprachen dem Lehrer leise zu sein.
8. Ich werde meinen Chef anrufen und ihm meine neue Handynummer durchgeben.
9. Ich zähle ihn zu meinen besten Freunden.
10. Er schenkte dem Gast immer wieder den Bierkrug voll.

 99
1. <u>Mein Vater</u> (S) ist <u>Lehrer</u> (O1) an einer Berufsschule.
2. <u>Alle Schüler dieser Klasse</u> (S) sind <u>Vorzugsschüler</u> (O1).
3. Sie heißt <u>den rasanten Autofahrer</u> (O4) <u>einen Rowdy</u> (O4).
4. <u>Franz</u> (S) ist in unserer Klasse <u>der beste Kopfrechner</u> (O1).
5. In unserer Schule war <u>die vorjährige 4 B</u> (S) <u>die schlimmste Klasse</u> (O1).

6. Mein boshafter Nachbar hieß <u>mich</u> (O4) <u>einen Taugenichts</u> (O4).
7. <u>Frau Gruber</u> (S) war letztes Jahr <u>unsere Werklehrerin</u> (O1).
8. Gabi nennt <u>meinen Bruder</u> (O4) <u>einen Draufgänger</u> (O4).
9. <u>Dieser Vogel</u> (S) ist <u>ein Bienenfresser</u> (O1).
10. <u>„Spongebob"</u> (S) ist <u>eine Zeichentrickserie</u> (O1).

---

100 Der Honig wird von den Bienen selber hergestellt. Sie wandeln <u>den Nektar</u> **(Wen oder was? O4)**, den sie aus den Blüten saugen, in Honig um.
Nektar ist <u>Zuckerwasser</u> **(Wer oder was? Gleichsetzungsglied im Nominativ O1)**.
Auch wir Menschen können <u>Nektar</u> **(Wen oder was? O4)** kosten. Man muss bloß die <u>Blüten vom Wiesenklee oder auch von der Taubnessel</u> **(Wen oder was? O4)** ausreißen und am hinteren Ende saugen, dann bekommt man tröpfchenweise <u>den süßen Saft</u> **(Wen oder was? O4)**.
Die Bienen haben <u>eine Art Saugrüssel mit einer kleinen Pumpe</u> **(Wen oder was? O4)** und dazu noch <u>eine Art Zunge</u> **(Wen oder was? O4)**, mit der sie noch <u>die letzten Nektartröpfchen</u> **(Wen oder was? O4)** auflecken können.
Sie nehmen <u>den Zuckersaft</u> **(Wen oder was? O4)** aber nicht in den Magen auf, da würde er ja verdaut werden.
Er landet in einem sogenannten Honigmagen. Dort wird der Zuckersaft langsam <u>Honig</u> **(Gleichsetzungsglied im Nominativ O1)**.
Und <u>diesen</u> **(Wen oder was? O4)** gibt die Biene durch den Mund ab und stopft <u>ihn</u> **(Wen oder was? O4)** in die Zellen der Wabe.
Der Zweck dieses Superfutters ist <u>es</u> **(Gleichsetzungsglied im Nominativ O1)**, <u>die Larven</u> **(Wen oder was? O4)** zu füttern, die bei den Bienen wie kleine weiße Würmchen aussehen und sehr viel essen müssen, damit sie groß werden, sich verpuppen und als Biene schlüpfen können.
Im Herbst gibt es <u>keine Larven</u> **(Wen oder was? O4)** mehr. Dann ist der Honig <u>das Winterfutter</u> **(Gleichsetzungsglied im Nominativ O1)**, und die Wabe ist dann <u>die Speicherkammer</u> **(Gleichsetzungsglied im Nominativ O1)**. Wenn der Imker <u>den Bienen</u> **(Wem? O3)** <u>den Honig</u> **(Wen oder was? O4)** wegnimmt, muss er <u>ihnen</u> **(Wem? O3)** stattdessen <u>starken Zuckersaft</u> **(Wen oder Was? O4)** bieten. <u>Den</u> **(Wen oder was? O4)** kann er nämlich aus Wasser und Zucker zusammenmischen. <u>Honig</u> **(Wen oder was? O4)** herstellen aber kann nur die Biene!

---

101 **Fragewörter nach Ortsergänzung:** Wo? Woher? Wohin? Wie weit?
Fragewörter nach Zeitergänzung: Wann? Wie lange? Seit wann? Bis wann? Wie oft?
Fragewörter nach Begründungsergänzung: Weshalb? Wieso? Weswegen? Warum?
Fragewörter nach Artergänzung: Wie? In welcher Art?

---

102 **Ortsergänzung:** im See, am Hauptplatz, beim Eingang, nach Wien, im schnellsten Flugzeug, in der letzten Reihe, vom Himmel, von rechts, zum Eingang
Zeitergänzung: um Mitternacht, eines Morgens, nach 15 Uhr, zwei Jahre lang, in wenigen Minuten, in letzter Sekunde, in Kürze, im heftigsten Sturm
Begründungsergänzung: wegen der nassen Fahrbahn, um des lieben Friedens willen, aus Sorge, aus Eifersucht, wegen seines Urlaubs, vor Wut, aus Liebe
Artergänzung: sehr langsam, ohne Sicherheitsgurt, im Laufen, wie ein Irrer, schreckhaft, launenhaft, ergebnislos

103
1. Der Unbekannte wartete <u>nach Sonnenuntergang</u> (Wann? ZE) <u>am Hintereingang der Sporthalle</u> (Wo? OE).
2. <u>Wegen Stromausfalls</u> (Warum? BE) blieb <u>heute</u> (Wann? ZE) der Aussichtsturm geschlossen.
3. <u>Tröpfchenweise</u> (Wie? AE) verabreichte sie dem Vogeljungen <u>stündlich</u> (Wie oft? ZE) Wasser.
4. Der Wartende wurde <u>langsam</u> (Wie? AE) ungeduldig.
5. <u>Nächste Woche</u> (Wann? ZE) werden wir <u>in der Messe Wien</u> (Wo? OE) die Buchausstellung besuchen.
6. Viktor konnte <u>vor Aufregung</u> (Weswegen? BE) nicht reden.
7. Ein Strafzettel steckte <u>vorgestern</u> (Wann? ZE) <u>hinter dem Scheibenwischer meines Autos</u> (Wo? OE).
8. Die Gesprächrunde der Politiker endete <u>ergebnislos</u> (Wie? AE).
9. <u>Zwei Wochen lang</u> (Wie lange? ZE) isst sie <u>konsequenterweise</u> (Wie? AE) keine Süßigkeiten.
10. Sie werden <u>in Kürze</u> (Wann? ZE) mit der gewünschten Stelle verbunden werden.
11. Wir kamen <u>wegen der spiegelglatten Fahrbahn</u> (Weshalb? BE) <u>nur langsam</u> (Wie? AE) voran.
12. Susanne konnte ihre Brille <u>nirgends</u> (Wo? OE) finden.

104
1. Meine Freundin und ich suchen <u>nach passenden Kleidern</u>. (Wonach? Nach wem? PO3)
2. Die Kinobesucher warten <u>auf Einlass</u>. (Worauf? Auf wen? PO4)
3. Es liegt <u>am Föhneinbruch</u>, dass ich Kopfweh habe. (Woran? An wem? PO3)
4. Das Baby schreit <u>nach seiner Mutter</u>. (Wonach? Nach wem? PO3)
5. Meine Geschwister suchen im Garten <u>nach Ostereiern</u>. (Wonach? Nach wem? PO3)
6. Ich erinnere mich <u>an sie</u>. (Woran? An wen? PO4)
7. Die Mannschaft freut sich <u>über den errungenen Sieg</u>. (Worüber? Über wen oder was? PO4)

105
1. Der Radfahrer erkundigt sich <u>nach dem nächsten Gasthaus</u>. (Wonach? Nach wem? PO3)
2. Großvater erzählt <u>von seinen Erlebnissen als Matrose</u>. (Wovon? Von wem? PO3)
3. <u>Bei Rauch</u> schaltet sich der Brandmelder <u>automatisch</u> ein. (Wann? ZE; Wie? AE)
4. <u>Seit 20 Jahren</u> wohnen meine Eltern <u>in diesem Haus</u>. (Seit wann? ZE; Wo? OE)
5. Die Schüler warten <u>über eine Stunde</u> <u>auf den Bus</u>. (Wie lange? ZE; Worauf? Auf wen? PO4)
6. Die Verunglückten hoffen <u>auf eine baldige Rettung</u>. (Worauf? Auf wen oder was? PO4)
7. <u>Am Abend</u> wartet der Hund <u>vor dem Haus</u> <u>auf sein Herrchen</u>. (Wann? ZE; Wo? OE; Worauf? Auf wen? PO4)

106
1. Der Katzenliebhaber nimmt sich <u>der verwilderten Katze</u> an. (Wessen? O2)
2. Sie müssen <u>der Dogge</u> <u>den Beißkorb</u> umhängen! (Wem? O3; Wen oder was? O4)
3. Wir warteten <u>vor der Tür</u> <u>auf ihn</u>. (Wo? OE; Auf wen? Worauf? PO 4. Fall)
4. <u>Silvester</u> feiern wir <u>dieses Jahr</u> nicht <u>zu Hause</u>. (Wen oder was? O4; Wann? ZE; Wo? OE)
5. Er setzte sich <u>für die Straßenkinder Rumäniens</u> ein. (Wofür? Für wen? PO 4. Fall)
6. <u>Mit großer Sorge</u> (Sorgenvoll) blickte sie <u>in Richtung Lawinenhügel</u>. (Wie? AE; Wohin? OE)
7. <u>Schnell</u> versteckte er sich <u>unter dem Stiegenaufgang</u>. (Wie? AE; Wo? OE)

8. Sie vermachte <u>mir</u> <u>ihre gesamte Bibliothek</u>. (Wem? O3; Wen oder was? O4)
9. <u>Aus Angst</u> hatte er <u>die Schi</u> abgeschnallt und ging <u>zu Fuß</u> <u>am Hang</u> hinunter. (Weshalb? BE; Was? O4; Wie? AE; Wo? OE)
10. Er sorgte sich <u>um die Zurückgelassenen</u>. (Um wen? Worum? PO 4. Fall)

---

107 1. Ich sitze <u>am Swimmingpool</u> (Wo? OE) und trinke eine eisgekühlte Limonade.
2. <u>Unter dem Dach des Gartenhäuschens</u> (Wo? OE) sitzen wir <u>beim Abendessen</u> (ZE).
3. Dieses Insektenschutzmittel brennt <u>auf der Haut</u> (Wo? OE).
4. <u>Schnell</u> (Wie? AE) rannte er <u>ans Ufer</u> (Wohin? OE).
5. Valentin isst <u>mit einem Suppenlöffel</u> (Womit? PO 3. Fall) sein Jogurt, und Dominik rührt <u>mit einem Kaffeelöffel</u> (Womit? PO 3. Fall) die Suppe um.
6. Tobias sitzt <u>am Computerschreibtisch</u> (Wo? OE) und Tina schläft <u>im Bett</u> (Wo? OE).
7. Sie kümmerte sich <u>um den kranken Vogel</u> (Um wen? Worum? PO 4. Fall).
8. <u>Neben dem alten Schuppen</u> (Wo? OE) pflanzte sie einige Blumen und setzte Ziersträucher.
9. <u>Um 19 Uhr</u> (Wann? ZE) sollen wir <u>bei der Bushaltestelle</u> (Wo? OE) <u>auf ihn</u> (Auf wen? PO 4. Fall) warten.
10. Der Bergsteiger hielt <u>über seine diesjährigen Gipfelbesteigungen</u> (Worüber? PO 4. Fall) einen Vortrag.
11. Simone schrieb dieses Erlebnis <u>in ihr Tagebuch</u> (Wohin? OE).

---

108 **Warum singen die Vögel?**
Wenn die Vögel <u>im Frühling</u> (Wann? ZE) singen, dann nicht etwa, weil sie sich <u>über das schöne Wetter</u> (Worüber? PO 4. Fall) freuen! <u>Es</u> (S) singen nur <u>die Männchen</u> (Wer oder was? O1)!
Der Gesang dient dazu, <u>das Revier</u> (Wen oder was? O4) zu markieren und um <u>das Weibchen</u> (Wen oder was? O4) anzulocken.
<u>Keineswegs</u> (Wie? In welcher Art? AE) sind die Singvogelweibchen stumm. Sie können <u>eine ganze Reihe von Lauten</u> (Wen oder was? O4) äußern, darunter <u>Schreck- und Warnlaute</u> (Wen oder was? O4). Aber <u>richtig</u> (Wie? AE) singen können sie nicht.

---

109 **Die Taube und die Ameise**
<u>Einmal</u> (Wann? ZE) lief eine Ameise <u>geschäftig</u> (Wie? AE) herum, kam <u>zu einem Bach</u> (Wohin? OE) und fiel hinein.
<u>Dort</u> (Wo? OE) strampelte sie <u>nun</u> (Wann? ZE) und trieb <u>hilflos</u> (Wie? AE) <u>im Wasser</u> (Wo? OE) dahin.
Eine Taube, die <u>am Ufer</u> (Wo? OE) saß, hatte <u>Mitleid</u> (Wen oder was? O4) <u>mit dem kleinen Geschöpf</u> (Mit wem? Womit? PO3) und warf <u>ihm</u> (Wem? O3) <u>einen Grashalm</u> (Wen oder was? O4) zu. Die Ameise kletterte <u>auf den Halm</u> (Wohin? OE) und konnte <u>so</u> (Wie? AE) <u>das rettende Ufer</u> (Wen oder was? O4) erreichen.
<u>Zur selben Zeit</u> (Wann? ZE) kam ein barfüßiger Bauernbursche daher und erblickte <u>die Taube</u> (Wen oder was? O4).
„Das wird <u>ein guter Sonntagsbraten</u> (Wer oder was? O1 Gleichsetzungsglied)!", dachte er. Als er aber <u>seine Steinschleuder</u> (Wen oder was? O4) hob, zwickte <u>ihn</u> (Wen oder was? O4) die Ameise <u>kräftig</u> (Wie? AE) <u>in die nackte Ferse</u> (Wohin? OE). (...)
Der Bursche ließ <u>die Schleuder</u> (Wen oder was? O4) fallen und blickte <u>verdutzt</u> (Wie? AE) <u>an sich hinunter</u> (Wohin? OE). Die Taube merkte <u>die Gefahr</u> (Wen oder was? O4), breitete <u>die Flügel</u> (Wen oder was? O4) aus und flog davon.

Die Ameise lief weiter und freute sich. Die Taube flog <u>unter dem hohen blauen Himmel</u> (Wo? OE) dahin und freute sich (…) <u>ihres Lebens</u> (Wessen? O2). Der Bursche aber musste <u>auf seinen Braten</u> (Worauf? Auf was? PO4) verzichten.
Wer <u>anderen</u> (Wem? O3) hilft, <u>dem</u> (Wem? O3) wird geholfen.

110 Der Autofahrer, <u>der den Unfall überlebt hat</u>, liegt im Spital.
Aufregung <u>über sein Kommen</u>, <u>sieben</u> Jahre, <u>süße</u> Birnen, die Sitzbank <u>hinten</u>, <u>sein</u> Heft, <u>glühende</u> Kohlen, eine <u>zerkratzte</u> Tischplatte, die Schultasche <u>des Bruders</u>

Adjektiv: <u>süße</u> Birnen
1. Partizip, 2. Partizip: <u>glühende</u> Kohlen, eine <u>zerkratzte</u> Tischplatte
Pronomen: <u>sein</u> Heft
Zahlwort: <u>sieben</u> Jahre
Nomen im Genitiv: die Schultasche <u>des Bruders</u>
Nomen im Präpositionalfall: Aufregung <u>über sein Kommen</u>
Adverb: die Sitzbank <u>hinten</u>
Attributsatz: Der Autofahrer, <u>der den Unfall überlebt hat</u>, …

111
2. Stefan / überreichte / dem Chef / ein **Dankschreiben** <u>der Belegschaft</u>. (Nomen im Genitiv)
3. Sie / trägt / einen **Mantel** <u>aus Kunstpelz</u>. (Nomen im Präpositionalfall)
4. Brigitte / kauft / nur **Kaffee** <u>mit dem Fairtrade-Siegel</u>. (Nomen im Präpositionalfall)
5. Wir / werden / die <u>vier freien</u> **Tage** / zu Hause / verbringen. (Zahlwort, Adjektiv)
6. Sie / fährt / gerne / <u>schnelle</u> **Autos**. (Adjektiv)
7. Astrid / liest / am liebsten / <u>spannende</u> **Krimis** / und / sieht / gerne / <u>lustige</u> **Talkshows**. (1. Partizip; Adjektiv)
8. Ich / serviere / heute / <u>eingelegtes</u> **Gemüse** / zu <u>gebratenem</u> **Fleisch**. (2. Partizip; 2. Partizip)
9. Susanne / kaufte / sich / in Venedig / <u>zwei</u> **Ringe** <u>aus Glas</u>. (Zahlwort, Nomen im Präpositionalfall)
10. Ich / trinke / <u>meinen</u> **Tee** / <u>aus Großmutters Häferl</u>. (Pronomen, Nomen im Präpositionalfall, Großmutters = Genitivattribut)

112
1. Die **CD**, <u>die ich mir gekauft habe</u> (Was für eine? Welche?), ist in den Charts.
2. Angelika strickt einen **Pullover**, <u>den sie ihrem Freund zu Weihnachten schenken will</u> (Was für einen? Welchen?).
3. Ich besuchte meine **Cousine**, <u>die vorige Woche ein Kind bekommen hatte</u> (Was für eine? Welche?).
4. Agnes kaufte sich ein **Auto**, <u>welches bereits 13 Jahre alt ist</u> (Was für eines? Welches?).
5. Sie ist die neue **Sprechstundenhilfe**, <u>die letzte Woche zu arbeiten begonnen hat</u> (Was für eine? Welche?).
6. Der **Gast**, <u>der gerade zur Tür hinausgeht</u> (Was für einer? Welcher?), …
7. Die **Tischplatte**, <u>die aus Marmor besteht</u> (Was für eine? Welche?), …
8. Sein **Vater**, <u>der in der ganzen Welt unterwegs ist</u> (Was für einer? Welcher?), …
9. Mein **Hund**, <u>der gerne im Auwald herumläuft</u> (Was für einer? Welcher?), …
10. Die **Torte**, <u>welche ich gestern am Abend noch für dich gebacken habe</u> (Was für eine? Welche?), nehme ich morgen in die Schule mit.

113
1. Meine beiden **Freundinnen** überraschten mich zu meinem 14. **Geburtstag** mit einer Party. (Pronomen, Zahlwort; Pronomen, Zahlwort)
2. Jakob liebt deftige **Hausmannskost** und cremige **Torten**. (Adjektiv; Adjektiv)
3. Felix trinkt aus dem **Glas** seines Freundes. (Nomen im Genitiv)
4. Sie wusch unsere verschmutzte **Wäsche** und bügelte sie auch. (Pronomen, 2. Partizip)
5. Um Mitternacht hörte er ein klopfendes **Geräusch**. (1. Partizip)
6. Die **Bewohner** dieses Hauses wurden evakuiert. (Nomen im Genitiv)
7. Der **Bruder** meiner Freundin ist Fitnesstrainer. (Nomen im Genitiv)
8. Meine **Oma** (Pronomen, Nomen) kaufte am Markt eine **Steige** mit vollreifen Erdbeeren. (Nomen im Präpositionalfall, Adjektiv als Attribut)

---

114 **Höflichkeit lohnt sich nicht immer**

Unlängst treffe ich meinen Nachbarn in der Bahn. Jürgen und ich besuchen dieselbe Schule, er geht in die Parallelklasse. Höflich grüße ich und er nickt freundlich zurück. Ihm gegenüber ist ein Platz frei. Er schaut mich mit einladendem Blick an. Ich verstaue meinen schweren Schulrucksack unter dem Sitz und setze mich. Ich würde gerne in meinem spannenden Buch weiterlesen, möchte aber nicht unhöflich sein. So beginne ich ein belangloses Gespräch über das Wetter, über die neue Turnlehrerin und über den launenhaften Schulwart.

Anfangs will ich nur ein paar Sätze von mir geben, aber da mein Gegenüber andauernd mit dem Kopf nickt und meinen Ausführungen zustimmt, erzähle ich weiter.

Schön langsam geht mir der Gesprächsstoff aus und ich krame vorsichtig in meinem Rucksack, der unter meinem Sitz verstaut ist, nach meinem Buch.

Da springt Jürgen auf und ich sehe erst jetzt die beiden Kabel unter seiner Mütze heraushängen. Ein Griff in seinen weiten Sweater zeigt mir, dass er gerade seinen Discman ausschaltet. „Jetzt hätte ich fast die Ausstiegsstelle verpasst!", höre ich ihn noch sagen, dann ist er weg.

Vom Fenster des Zuges aus sehe ich noch, wie er sich unter seiner Haube die kleinen Ohrstöpsel, die ihm beim Aussteigen anscheinend verrutscht sind, richtet und seinen Kopf wieder sanft hin- und herwiegt.

Ich blicke frustriert in mein Buch. Die Lust zu lesen ist mir vergangen, denn ich ärgere mich über meine sogenannte Höflichkeit.

115
1. Anna und Yvonne **(S)** trinken **(P)** ihre Becher **(O4)** aus **(P)**.
2. Thomas **(S)** lud **(P)** seine Freundin **(O4)** ein **(P)**.
3. Unser Hund Bello **(S)** hat **(P)** seinen riesigen Knochen **(O4)** zerbissen **(P)**.
4. Norbert **(S)** hat **(P)** sich geschnitten **(P)**.
5. Werner **(S)** hatte **(P)** mir **(O3)** 50 Euro **(O4)** geborgt **(P)**.
6. Opa **(S)** wird **(P)** ihm **(O3)** seine goldene Taschenuhr **(O4)** vererben **(P)**.
7. Mein neues Fahrrad **(S)** wurde gestohlen **(P)**.
8. Tante Eveline **(S)** schenkte **(P)** mir **(O3)** ein neues Computerspiel **(O4)**.
9. Ich **(S)** schäle **(P)** Kartoffeln **(O4)** und mein Bruder **(S)** wäscht **(P)** den Salat **(O4)**.
10. Alle Schülerinnen unserer Klasse **(S)** besuchten **(P)** mich **(O4)**.

116

1. <u>Er</u> **(S)** <u>freute sich</u> **(P)** <u>über den überraschenden Besuch seiner Freunde</u> **(Worüber? PO 4. Fall)**.
2. <u>Der Tourist</u> **(S)** <u>fragte</u> **(P)** <u>uns</u> **(O4)** <u>nach dem Weg zum Stephansdom</u> **(Wonach? PO 3. Fall)**.
3. <u>Ich</u> **(S)** <u>denke</u> **(P)** <u>über diese Aufgabenstellung</u> **(Worüber? PO 4. Fall)** <u>nach</u> **(P)**.
4. <u>Die Kinder</u> **(S)** <u>streiten sich</u> **(P)** <u>um die Luftmatratze</u> **(Worum? PO 4. Fall)**.
5. <u>Er</u> **(S)** <u>schreibt</u> **(P)** <u>über seine Reisen</u> **(Worüber? PO 4. Fall)** <u>ein Buch</u> **(O4)** .
6. <u>Wir</u> **(S)** <u>waren</u> **(P)** <u>von dem Konzert</u> **(Wovon? PO 3. Fall)** <u>begeistert</u> **(P)**.
7. <u>Sie</u> **(S)** <u>fragte nicht</u> **(P)** <u>nach meinem Zeugnis</u> **(Wonach? PO 3. Fall)**.
8. <u>Der Direktor</u> **(S)** <u>unterhielt sich</u> **(P)** <u>mit meinen Eltern</u> **(Mit wem? PO 3. Fall)**.

117

1. <u>Unter den Baum</u> **(OE)** <u>legten</u> **(P)** <u>wir</u> **(S)** <u>eine Decke</u> **(O4)** <u>für ein Picknick</u> **(PO 4.Fall)**.
2. <u>Vor zwei Wochen</u> **(ZE)** <u>sind</u> **(P)** <u>wir</u> **(S)** <u>über das Wochenende</u> **(ZE)** <u>in die Wachau</u> **(OE)** <u>gefahren</u> **(P)**.
3. <u>Am Herd</u> **(OE)** <u>köchelt</u> **(P)** <u>die Rindsuppe</u> **(S)** und <u>im Backrohr</u> **(OE)** <u>brutzelt</u> **(P)** <u>der Schweinsbraten</u> **(S)**.
4. <u>Sie</u> **(S)** <u>stehen</u> **(P)** <u>am Gang</u> **(OE)** und <u>reden</u> **(P)** <u>über dich</u> **(PO 4. Fall)**.
5. <u>In den nächsten Sommerferien</u> **(ZE)** <u>arbeitet</u> **(P)** <u>meine große Schwester</u> **(S)** <u>im Buffet des Schwimmbades</u> **(OE)**.
6. <u>Georg</u> **(S)** <u>findet</u> **(P)** <u>auf der Wiese</u> **(OE)** <u>heute</u> **(ZE)** <u>keinen Schattenplatz</u> **(O4)**.
7. <u>Aus unbekannten Gründen</u> **(BE)** <u>kann</u> **(P)** <u>Gertraud</u> **(S)** <u>am Wettkampf</u> **(PO 3. Fall)** <u>nicht teilnehmen</u> **(P)**.
8. <u>Dreimal wöchentlich</u> **(ZE)** <u>kommt</u> **(P)** <u>eine Heimhilfe</u> **(S)** und <u>betreut</u> **(P)** <u>meine gehbehinderte Großmutter</u> **(O4)**.
9. <u>Richtung Wien</u> **(OE)** <u>soll</u> **(P)** <u>auf der Autobahn</u> **(OE)** <u>ein 15 km langer Stau</u> **(S)** <u>sein</u> **(P)**.
10. <u>Am Abend</u> **(ZE)** <u>liest</u> **(P)** <u>sie</u> **(S)** <u>ein Buch</u> **(O4)** oder <u>löst</u> **(P)** <u>Kreuzworträtsel</u> **(O4)**.

118 HS = Hauptsatz, GS = Gliedsatz

2. Luzia pflückt die Zwetschken, **während** Stefan die Rosen <u>schneidet</u>. **HS + GS**

3. Täglich bringt sie ihnen die Post vorbei **und** sie erledigt für sie die Einkäufe. **HS + HS**

4. Er ist so krank, **dass** er alle Termine für diese Woche abgesagt <u>hat</u>. **HS + GS**

5. **Als** der Film endlich zu Ende <u>war</u>, gab es Abendessen. **GS + HS**

6. Sie hat sich einen Geländewagen gekauft, **damit** sie im Winter ihr Landhaus erreichen <u>kann</u>. **HS + GS**

7. Irene isst keine Erdbeeren, **weil** sie darauf allergisch <u>reagiert</u>. **HS + GS**

8. **Da** sie ihr Handy immer eingeschaltet <u>hat</u>, ist sie immer erreichbar. **GS + HS**

9. **Wenngleich** Hannah Halsweh <u>hat</u>, isst sie trotzdem Eiscreme. **GS + HS**

10. **Obwohl** Onkel Egon sehr reich <u>ist</u>, vergönnt er sich kaum etwas. **GS + HS**

11. Heinz hat sie eingeladen, **doch** sie wird nicht kommen. **HS + HS**

12. In der Früh trinke ich Tee, nachmittags genieße ich Kaffee. **HS + HS** (ohne Einleitwort)

119 HS = Hauptsatz, AS = Attributsatz

1. Wir <u>essen</u> die Brötchen, **die** Mutter für uns hergerichtet <u>hat</u>. **(Was für Brötchen?) HS + AS**
2. Wo <u>steht</u> mein Roller, mit **dem** ich hergefahren <u>bin</u>? **HS + AS**
3. Er <u>hat</u> seine Jause, **welche** ich ihm gekauft <u>habe</u>, zu Hause liegen gelassen. **HS + AS + HS (weiterführend)**
4. Sie <u>wohnen</u> in einem Haus, in **dem** es spuken <u>soll</u>. **HS + AS**
5. Diese Süßigkeit, **die** nach einem berühmten Komponisten benannt <u>wurde</u>, <u>verkauft</u> man hier überall. **HS + AS + HS (weiterführend)**
6. Mit dem neuen Handy, **das** sie zum Geburtstag bekommen <u>hat</u>, <u>kann</u> sie dich gleich fotografieren. **HS + AS + HS (weiterführend)**
7. Die Nachbarskatze, **die** vor einem halben Jahr vier Kätzchen geboren <u>hat</u>, <u>ist</u> schon wieder trächtig. **HS + AS + HS (weiterführend)**
8. <u>Ist</u> das das Glas, aus **welchem** ich getrunken <u>habe</u>? **HS + AS**
9. Ich <u>kann</u> diese DVD, **die** ich mir ausgeborgt <u>habe</u>, nicht mehr finden. **HS + AS + HS (weiterführend)**
10. Er <u>spielt</u> mit Legosteinen, mit **denen** ich vor 20 Jahren auch schon gespielt <u>habe</u>. **HS + AS**

120
1. Unser Hund sitzt schon im Auto (,) **und** er wartet auf uns. (anreihend)
2. Ich besuche dich noch heute, **aber** ich kann nicht lange bleiben. (entgegenstellend)
3. Er gewann den Schwimmbewerb, **denn** er hatte jeden Tag trainiert. (begründend)
4. **Entweder** du kommst mit uns mit (,) **oder** du musst mit dem Rad nachkommen. (ausschließend)
5. Simone schrieb mir ein SMS (,) **und** ich antwortete ihr sofort. (anreihend)
6. Ich wollte mir eine Pizza bestellen, **doch** der Kellner empfahl mir die Lasagne. (entgegenstellend)

121

W	E	M	D	S	A	R	T	Z	R	T	O	Ü	R	C	H
T	U	O	B	J	E	K	T	S	A	T	Z	W	Q	H	I
E	T	D	O	D	T	P	Ü	C	H	F	K	L	R	T	F
K	S	A	D	K	A	U	S	A	L	S	A	T	Z	R	U
T	I	L	B	N	F	Ä	D	C	O	W	E	R	T	B	T
Z	D	S	E	S	U	B	J	E	K	T	S	A	T	Z	Z
N	Q	A	U	Z	U	V	F	A	A	D	T	J	Z	U	R
A	M	T	E	M	P	O	R	A	L	S	A	T	Z	R	B
M	U	Z	T	C	K	R	M	Ö	S	O	T	G	A	I	C
S	C	H	Ö	Ü	P	I	E	D	A	X	G	R	Z	E	H
I	E	A	T	T	R	I	B	U	T	S	A	T	Z	R	L
S	C	H	U	L	W	E	I	Z	Z	A	C	B	S	T	A

lateinische Bezeichnung
Modalsatz
Objektsatz
Subjektsatz
Kausalsatz
Lokalsatz
Temporalsatz
Attributsatz

deutsche Bezeichnung
Artsatz
Ergänzungssatz
Gegenstandssatz
Begründungssatz
Ortssatz
Zeitsatz
Beifügesatz

122

2. <u>**Wenn** er etwas zum Essen gehabt hätte</u>, hätte er mir sicherlich etwas gegeben.
Unter welcher Bedingung? Konditionalsatz

3. Die Schifahrerin, <u>**die** den Schiunfall unverletzt überstanden hat</u>, …
Was für eine? Attributsatz

4. <u>**Obwohl** wir viel zu spät gekommen waren</u>, bekamen wir noch einen Sitzplatz.
Trotz welchen Gegengrundes? Konzessivsatz

5. Er verschaffte sich Platz, <u>**indem** er die alten Kästen entrümpelte</u>. Wie? Modalsatz

6. <u>**Wer** heute die Stundenwiederholung machen möchte</u>, soll sich melden.
Wer soll sich melden? Subjektsatz

7. <u>**Als** er auftrat</u>, raunte die Menschenmenge. Wann? Temporalsatz – Gleichzeitigkeit

8. Er hat uns versichert, <u>**dass** es keine weiteren Zwischenfälle geben werde</u>.
Was hat er versichert? Objektsatz

9. <u>**Nachdem** wir den Zug versäumt hatten</u>, … Wann? Temporalsatz – Vorzeitigkeit

10. <u>**Wer** meinen Schlüssel zuletzt gehabt hat</u>, weiß ich nicht mehr.
Was weiß ich nicht mehr? Objektsatz

11. <u>**Solange** meine Eltern verreist sind</u>, … Wie lange? Temporalsatz – Gleichzeitigkeit

12. Er hat mein Heft verloren, <u>**das** ich ihm zum Nachschreiben geborgt habe</u>.
Welches? Attributsatz

13. <u>**Ob** diese Nachricht ankommen ist</u>, … Was werden wir wissen? Objektsatz

14. <u>**Damit** du keine Schwierigkeiten hast</u>, schreibe ich dir eine Bestätigung.
Zu welchem Zweck? Finalsatz

123 **Warum verlieren die Bäume im Herbst ihr Laub?**

Man glaubt immer, <u>**dass** der Baum die Blätter im Herbst abwirft</u> **(Was glaubt man immer? Objektsatz)**, <u>**damit** sie im Winter nicht erfrieren</u> **(Zu welchem Zweck? Finalsatz)**. Das würden sie wahrscheinlich, <u>**wenn** sie grün und voll Saft strotzend auf den Bäumen blieben</u> **(Unter welcher Bedingung? Konditionalsatz)**. Das ist aber nicht der Hauptgrund dafür, <u>**dass** sie der Baum im Herbst abwirft</u> **(Was ist nicht der Hauptgrund dafür? Objektsatz)**. Die Blätter geben ständig Feuchtigkeit an die Luft ab, <u>also Wasserdampf</u> **(Apposition)**.

Im Winter aber gibt es kaum flüssiges Wasser, <u>**weil** ja alles Wasser entweder in Form von Schnee auf dem Boden liegt oder überhaupt zu Eis gefroren ist</u> **(Warum? Kausalsatz)**. Also kann es der Baum nicht aufsaugen, er muss sogar aufpassen, <u>**dass** er nicht das wenige Wasser im Stamm und in den Wurzeln auch noch verliert</u> **(Auf was? Objektsatz)**. Darum wirft er die Blätter ab, <u>**die** ihn nur austrocknen würden</u> **(Welche? Attributsatz)**, und geht für die Dauer der kalten Jahreszeit in „Winterschlaf". (…)

124

1. Der Direktor gratulierte ihr, <u>einer Schülerin aus der 4e</u>. **Apposition im 3. Fall**

2. … <u>ein Naturschutzgebiet</u>, ist mein liebstes Ausflugsziel. **Apposition im 1. Fall**

3. Die Firma Gruber, <u>ein Busunternehmen</u>, … **Apposition im 1. Fall**

4. Bei ihr, <u>meiner Lieblingstante</u>, verbringe ich … **Apposition im 3. Fall**

5. Der Hund, <u>ein junger Rauhaardackel</u>, bellt … **Apposition im 1. Fall**

125

1. Der Klassensprecher versprach, dass er sich um die Sache kümmern werde.

2. Die Hoffnung, dass er beim Turnier noch siegen kann, motivierte ihn zu großen Leistungen.

3. Sie glaubt, dass sie deinen bisherigen Rekord brechen kann.

4. Meine Freundin versprach, dass sie mir bei den Vorbereitungen zur Halloweenparty helfen werde.

5. Indem sie um Hilfe schrie, stürmte die Frau aus ihrer Wohnung.

6. Nachdem wir uns vom anstrengenden Aufstieg ausgeruht hatten, setzten wir die Wanderung fort.

126
1. Wir hoffen (,) pünktlich anzukommen.
2. Ich besuchte in den Ferien einen Sprachkurs, um besser Englisch zu sprechen.
3. Die Post versprach uns (,) die Telefonstörung so schnell wie möglich zu beheben.
4. Laut pfeifend (,) verscheuchte sie die Krähen.
5. Völlig von diesem Putzmittel begeistert (,) kaufte sie das komplette Set.
6. Um allein schwimmen zu dürfen, besuchen die Kinder einen Schwimmkurs.

127
Spargel <u>ist</u> eine der wenigen Pflanzen (HS), **bei der** man den Stängel <u>isst</u> (AS Welche?). Der Spargel <u>ist</u> eine ganz normale Pflanze mit fein verästeltem Stängel und nadelförmigen Blättern (HS), er <u>bekommt</u> kleine weiße Blüten und rote Beeren als Früchte (HS). Einen nahen Verwandten von ihm **kennst** du vielleicht als Zimmerpflanze (HS): Es **ist** der Asparagus (HS).
Jedes Jahr im Frühling <u>treibt</u> der Spargel aus seinem unterirdischen Wurzelstock Stängel nach oben (HS).
Solange sie unter der Erde <u>sind</u> (Wie lange? Temporalsatz), <u>sind</u> sie bleich, dick, weich **und** <u>haben</u> eine dünne Haut (HS).
Sobald sie aus der Erde <u>sprießen</u> (Wann? Temporalsatz), <u>wird</u> der Stängel hart, dünn und grün (HS). Also <u>häuft</u> man Erdhaufen von einem halben Meter Höhe über den Wurzelstock (HS), **dann** <u>entstehen</u> lange, weiche, dicke, dünnhäutige Sprossen (HS) – eben die Spargelsprossen (Apposition), **die** man dann <u>abschneidet</u> (Welche? Attributsatz) **und** (die man) <u>kochen</u> (Welche? Attributsatz) **und** (die man) essen <u>kann</u> (Welche? Attributsatz).
Wenn man sie nicht <u>erntet</u> (Unter welcher Bedingung? Konditionalsatz), **dann** <u>wachsen</u> sie zu großen Stauden aus (HS), **die** auch Blüten <u>hervorbringen</u> (Welche? Attributsatz). Die <u>braucht</u> man (HS), **falls** man jemals Samen vom Spargel ernten <u>will</u> (Unter welcher Bedingung? Konditionalsatz).

128
Eines Nachts <u>suchte</u> ein Kormoran am Meeresufer nach Nahrung **und** <u>sah</u> (HS), **wie** die Sterne sich im Wasser <u>spiegelten</u> (Was sah er? Objektsatz). **Weil** er meinte (Warum? Kausalsatz), **die** sanft flimmernden Lichtpunkte <u>seien</u> Fische (Was meinte er? Objektsatz), <u>tauchte</u> er (HS) **und** <u>wollte</u> sie mit dem Schnabel fassen (HS). Wieder und wieder <u>tauchte</u> er (HS), **aber** nie <u>gelang</u> es ihm (HS), einen der vermeintlichen Fische zu fangen (satzwertige Infinitivgruppe). Schließlich <u>gab</u> er es auf (HS) **und** <u>schwor</u> (HS), **weil** alle Mühe vergeblich gewesen <u>war</u> (Warum? Kausalsatz), nie mehr nach einem Fisch zu tauchen (satzwertige Infinitivgruppe). Zeit seines Lebens <u>nährte</u> er sich kümmerlich von ein paar Krabben, Krebsen und Muscheln (HS), **die** er am Ufer <u>fand</u> (Welche? Attributsatz), **obwohl** es im Meer von Fischen nur so <u>wimmelte</u> (Trotz welchen Gegengrundes? Konzessivsatz).

129
1. Auf unserer Sportwoche konnten wir zwischen Reiten, Tennisspielen, Surfen und Schwimmen wählen. **(1)**
2. Harald isst gerne italienisch, besonders Nudelgerichte. **(5)**
3. Claudia suchte den Federball im Gras (,) und ich durchsuchte das Blumenbeet nach ihm. **(3)**
4. Er glaubt fest daran, seine Freunde bald wiederzusehen. **(6)**
5. Schwer beleidigt (,) zog sich Gregor zurück. **(6)**
6. Wir treffen uns bei mir, aber wir werden am späteren Abend in ein Lokal gehen. **(3)**
7. Er reparierte den Fahrradschlauch, indem er ein neues Ventil hineinschraubte. **(4)**
8. Unsere Gruppe verlässt sich auf den Reiseführer, der Prag schon öfters besucht hat. **(4)**

9. Carina wollte in den Ferien Frankreich bereisen, in Spanien ihre Brieffreundin besuchen und in Portugal ein paar Tage am Meer Urlaub machen. **(1)**
10. Max, hör endlich damit auf! **(2)**

 130

1. Das Wetter hatte sich so verschlechtert, **(3)** wir konnten mit dem Schiff nicht weiterfahren.
2. Anstatt für den morgigen Test zu lernen, **(6)** ging er ins Kino.
3. In vielen Fertigprodukten, **(5)** wie zum Beispiel in Ravioli, sind chemische Stoffe, die das Essen haltbarer machen. **(4)**
4. Von der gewaltigen Anstrengung stark gezeichnet (,) **(6)** kehrte er heim.
5. Ich freute mich über euren Besuch, **(5)** besonders über deinen.
6. Gleich nach dem Mittagessen brach er auf, **(3)** denn er wollte keine Zeit verlieren.
7. Tief seufzend (,) **(6)** beugte er sich über sein Werkstück, **(4)** das morgen fertig sein sollte.
8. Tamara beschäftigt sich am liebsten mit ihren Puppen, **(3)** aber auch mit Bausteinen spielt sie gerne.
9. Wir fanden beim Spazierengehen eine streunende Katze, **(3)** sie war halb verhungert.
10. Kochst du morgen (,) **(3)** oder gehen wir essen?
11. Um 14 Uhr soll der Techniker kommen, **(6)** um die kaputte Sat-Anlage zu reparieren.
12. Fritz, **(2)** versprich mir, **(4)** dass du dich nicht wieder überreden lässt (,) **(6)** so lange zu bleiben!

131

1 Man kann nur sehr schwer sagen, **(4)** warum es so viele verschiedene Lebewesen gibt. Eine Antwort findet man, **(4)** wenn man bedenkt, **(4)** dass alle Lebewesen miteinander in Verbindung stehen. Von den Blumen leben die Tiere, **(4)** die sie bestäuben, **(3)** und das sind nicht nur die Bienen, **(1)** sondern Hummeln, **(1)** Schmetter-
5 linge, **(1)** Fliegen, **(1)** Käfer, **(1)** ja sogar Stechmücken, **(4)** bei denen nur die Weibchen Blut saugen, **(3)** denn die Männchen leben vom Nektar der Blumen.
Da aber nicht jedes Tier in jede Blüte passt, **(4)** ist es sehr gut, **(4)** dass sie so verschieden sind. Da findet wenigstens jedes dieser Bestäubungstiere etwas zum Fressen, **(5)** nämlich entweder den Nektar*, **(4)** das ist ganz einfach Zuckersaft, **(4)** den
10 die Pflanzen extra erzeugen, **(6)** um die Tiere anzulocken, **(5)** (*erklärender Einschub wird hier fortgesetzt) oder den Blütenstaub, **(4)** den die Tiere ebenfalls gerne fressen. (…)
Außerdem haben alle Blumen ja auch noch Blätter, **(3)** von denen leben wiederum viele Tiere, **(5)** wie zum Beispiel die Raupen, **(4)** die sie fressen. Die Raupen sind meist ganz einseitig auf eine ganz bestimmte Pflanze ange-
wiesen. Die Raupen des Tagpfauenauges und des Kleinen Fuchses können
15 nur von Brennnesselblättern leben, **(3)** der Schwalbenschwanz wieder braucht Doldengewächse, **(5)** wie zum Beispiel Karotten. (…)
Für uns Menschen ist es natürlich wunderschön, **(4)** dass es so viele interessante Tiere und Pflanzen gibt. Für die Natur ist es vor allem wichtig, **(4)** welche Rolle sie spielen.

Bestimme die unterstrichenen Satzglieder! Schreibe das Fragewort dazu!

Warum singen die Vögel?

Wenn die Vögel <u>im Frühling</u> singen, dann nicht etwa, weil sie sich <u>über das schöne Wetter</u> freuen! (…) <u>Es</u> singen nur <u>die Männchen</u>! (…)

Der Gesang dient dazu, <u>das Revier</u> zu markieren und um <u>das Weibchen</u> anzulocken.

<u>Keineswegs</u> sind die Singvogelweibchen stumm. Sie können <u>eine ganze Reihe von Lauten</u> äußern, darunter <u>Schreck- und Warnlaute</u>. Aber <u>richtig</u> singen können sie nicht.

(Nach: Reinhold Gayl, Renate Maderbacher: 100 Kinderfragen zur Natur. Frage 1. Wien 2003.)

Unterstreiche in der folgenden Fabel alle Objekte! Schreibe das Fragewort darüber und gib an, um welche Objekte (reine Fallergänzung, adverbiale Bestimmung, Präpositionalobjekt) es sich dabei handelt!

Die Taube und die Ameise

<u>Einmal</u> lief eine Ameise geschäftig herum, kam zu einem Bach und fiel hinein.

Dort strampelte sie nun und trieb hilflos im Wasser dahin. Eine Taube, die am Ufer saß, hatte

Mitleid mit dem kleinen Geschöpf und warf ihm einen Grashalm zu. Die Ameise kletterte auf

den Halm und konnte so das rettende Ufer erreichen.

Zur selben Zeit kam ein barfüßiger Bauernbursche daher und erblickte die Taube.

„Das wird ein guter Sonntagsbraten!", dachte er. Als er aber seine Steinschleuder hob, zwickte

ihn die Ameise kräftig in die nackte Ferse. (…)

Der Bursche ließ die Schleuder fallen und blickte verdutzt an sich hinunter. Die Taube merkte

die Gefahr, breitete die Flügel aus und flog davon.

Die Ameise lief weiter und freute sich. Die Taube flog unter dem hohen blauen Himmel dahin

und freute sich (…) ihres Lebens. Der Bursche aber musste auf seinen Braten verzichten.

Wer anderen hilft, dem wird geholfen.

Jean de La Fontaine

(Nach: Käthe Recheis, Fabeln aus aller Welt. Wien 2004. S. 21 – mit kleinen Änderungen im Satzbau.)

Kompetenz-Check

Das kann ich jetzt!

Kreuze an, was zutrifft! Falls du dich bei dem einen oder anderen Punkt noch nicht sicher fühlst, blättere nochmals zurück und wiederhole diesen Abschnitt!

	Ich kann ...	Falls ich noch unsicher bin, kann ich hier nachschlagen:
☐	... das Subjekt und die drei reinen Fallergänzungen erfragen und erkennen.	S. 78, 79
☐	... Dativ- und Akkusativobjekt unterscheiden und Ersatzwörter (mir/mich) zur Probe verwenden.	S. 79
☐	... das Gleichsetzungsglied im 1. und 4. Fall erfragen und erkennen.	S. 80
☐	... die vier Umstandsergänzungen (adverbiale Bestimmungen) nennen, erfragen und unterscheiden.	S. 81, 82
☐	... Vorwortergänzungen (Präpositionalobjekte) erkennen und nach dem Fall fragen.	S. 83
☐	... Vorwortergänzungen von Umstandsergänzungen unterscheiden.	S. 83, 84
☐	... die drei Ergänzungen (reine Fall-, Umstands- und Vorwortergänzung) unterscheiden und bestimmen.	S. 79, 84, 85

Attribute

Attribute sind Beifügungen.
Sie geben genauere Information über das Wort, auf das sie sich beziehen.
Ein Attribut ist ein Teil eines Satzgliedes (Satzgliedteil).
Bei der Verschiebeprobe wird es immer gemeinsam mit dem ganzen Satzglied verschoben.
Es ist also nur mit dem Gliedkern verschiebbar.
Du fragst danach mit „Was für ein?" oder „Welches?".

Beispiele:
Cleo ist ein <u>junges</u> Kätzchen. ⟶ Was für ein Kätzchen ist Cleo?
Ein <u>junges</u> Kätzchen ist Cleo. ⟶ Welches Kätzchen ist Cleo?

Sie trägt ein Hochzeitskleid <u>aus reiner Seide</u>. ⟶ Was für ein Hochzeitskleid trägt sie?
Ein Hochzeitskleid <u>aus reiner Seide</u> trägt sie. ⟶ Welches Hochzeitskleid trägt sie?

Ein ausführliches Satzglied besteht aus einem Gliedkern und einem Attribut.

Was für ein Kätzchen ist Cleo?

Cleo ist (ein junges)(Kätzchen).   (Ein junges)(Kätzchen) ist Cleo.
            Satzglied   Satzglied
        Attribut Gliedkern   Attribut   Gliedkern

Welches Kleid trägt sie?

Sie trägt (ein Kleid)(aus reiner Seide).   (Ein Kleid)(aus reiner Seide) trägt sie.
             Satzglied   Satzglied
        Gliedkern   Attribut   Gliedkern   Attribut

Alle Satzglieder mit Ausnahme des Prädikats können eine Beifügung haben.

Formen des Attributs	Beispiele
Adjektiv	die **neue** Lehrerin
Partizip	der **hüpfende** Floh, eine **geplante** Reise
Pronomen	**ihre** Haarbürste
Zahlwort	**fünf** Finger
Nomen im Genitiv	die Raubtiere **des Zoos**, **des Zoos** Raubtiere
Nomen im Präpositionalfall	Freude **über den Besuch**
Adverb	der Sitzplatz **vorne**

Auch ein Satz kann ein Attribut sein.
Der **Attributsatz** stellt eine **Beifügung zu einem Satzglied** des übergeordneten Satzes (Hauptsatz) dar.

Bezugswort   Attributsatz: Was für eine? Welche?
Lea, die im Zoo als Tierpflegerin arbeitet, hat selbst vier Katzen.

Ein Attributsatz wird mit einem **Relativpronomen** (der, die, das, welcher, welche, welches) **eingeleitet**. Manchmal steht eine **Präposition** (Vorwort) vor dem Relativpronomen.

      HS   AS Attributsatz
Er ist ein Trainer, **der** sich um jeden Spieler bemüht. **Was für ein? Welcher?**

Die Frau, **mit** der du gerade telefoniertest, hatte gestern schon einmal angerufen. **Was für eine?**

                AS Attributsatz
HS   Hauptsatzklammer   HS (weitergeführt)

Unterstreiche jeweils das Attribut/den Attributsatz und ordne alles richtig in die Zeilen ein!

Der Autofahrer, der den Unfall überlebt hat, liegt im Spital.
Aufregung über sein Kommen, sieben Jahre, süße Birnen, die Sitzbank hinten,
sein Heft, glühende Kohlen, eine zerkratzte Tischplatte, die Schultasche des Bruders

Adjektiv: _____

1. Partizip, 2. Partizip: _____

Pronomen: _____

Zahlwort: _____

Nomen im Genitiv: _____

Nomen im Präpositionalfall: _____

Adverb: _____

Attributsatz: _____

Unterstreiche das Attribut, das du mit „Was für ein(e)?" oder „Welche?" erfragst!
Gib die Form des Attributs an! Markiere den Gliedkern!
Hast du Schwierigkeiten, das Attribut zu finden, so grenze zuerst die Satzglieder im Satz ab!

1. Das alte **Fahrrad** meines Opas | funktioniert | einwandfrei.
   Adjektiv   Nomen im Genitiv, Pronomen als Attribut

2. Stefan überreichte dem Chef ein Dankschreiben der Belegschaft.

3. Sie trägt einen Mantel aus Kunstpelz.

4. Brigitte kauft nur Kaffee mit dem Fairtrade-Siegel.

5. Wir werden die vier freien Tage zu Hause verbringen.

6. Sie fährt gerne schnelle Autos.

7. Astrid liest am liebsten spannende Krimis und sieht gerne lustige Talkshows.

8. Ich serviere heute eingelegtes Gemüse zu gebratenem Fleisch.

9. Susanne kaufte sich in Venedig zwei Ringe aus Glas.

10. Ich trinke meinen Tee aus Großmutters Häferl.

**Unterstreiche den Attributsatz und schreibe die Fragewörter darüber!
Markiere das Bezugswort im übergeordneten Hauptsatz!**

112

1. Die **CD**, <u>die ich mir gekauft habe</u>, ist in den Charts.
   Was für eine? Welche?

2. Angelika strickt einen Pullover, den sie ihrem Freund zu Weihnachten schenken will.

3. Ich besuchte meine Cousine, die vorige Woche ein Kind bekommen hatte.

4. Agnes kaufte sich ein Auto, welches bereits 13 Jahre alt ist.

5. Sie ist die neue Sprechstundenhilfe, die letzte Woche zu arbeiten begonnen hat.

6. Der Gast, der gerade zur Tür hinausgeht, hat sich über den Rauch im Lokal beschwert.

7. Die Tischplatte, die aus Marmor besteht, wurde beim Umzug zerbrochen.

8. Sein Vater, der in der ganzen Welt unterwegs ist, wird ihm viele Briefmarken mitbringen.

9. Mein Hund, der gerne im Auwald herumläuft, ist gestern beim Spazierengehen
   trotz heftigen Rufens erst nach einer halben Stunde zu mir zurückgekommen.

10. Die Torte, welche ich gestern am Abend noch für dich gebacken habe, nehme ich
    morgen in die Schule mit.

**Unterstreiche alle Attribute und bestimme ihre Form!
Markiere jeweils den Gliedkern der Satzglieder!**

113

1. Meine beiden Freundinnen überraschten mich zu meinem 14. Geburtstag mit einer Party.
2. Jakob liebt deftige Hausmannskost und cremige Torten.
3. Felix trinkt aus dem Glas seines Freundes.
4. Sie wusch unsere verschmutzte Wäsche und bügelte sie auch.
5. Um Mitternacht hörte er ein klopfendes Geräusch.
6. Die Bewohner dieses Hauses wurden evakuiert.
7. Der Bruder meiner Freundin ist Fitnesstrainer.
8. Meine Oma kaufte am Markt eine Steige mit vollreifen Erdbeeren.

Schlusstest zu den Attributen

Unterstreiche alle Attribute/Attributsätze im Text, nachdem du danach gefragt hast!

Höflichkeit lohnt sich nicht immer

Unlängst treffe ich meinen Nachbarn in der Bahn. Jürgen und ich besuchen dieselbe Schule, er geht in die Parallelklasse. Höflich grüße ich und er nickt freundlich zurück. Ihm gegenüber ist ein Platz frei. Er schaut mich mit einladendem Blick an. Ich verstaue meinen schweren Schulrucksack unter dem Sitz und setze mich.

Ich würde gerne in meinem spannenden Buch weiterlesen, möchte aber nicht unhöflich sein. So beginne ich ein belangloses Gespräch über das Wetter, über die neue Turnlehrerin und über den launenhaften Schulwart.

Anfangs will ich nur ein paar Sätze von mir geben, aber da mein Gegenüber andauernd mit dem Kopf nickt und meinen Ausführungen zustimmt, erzähle ich weiter.

Schön langsam geht mir der Gesprächsstoff aus und ich krame vorsichtig in meinem Rucksack, der unter meinem Sitz verstaut ist, nach meinem Buch.

Da springt Jürgen auf und ich sehe erst jetzt die beiden Kabel unter seiner Mütze heraushängen. Ein Griff in seinen weiten Sweater zeigt mir, dass er gerade seinen Discman ausschaltet.

„Jetzt hätte ich fast die Ausstiegsstelle verpasst!", höre ich ihn noch sagen, dann ist er weg. Vom Fenster des Zuges aus sehe ich noch, wie er sich unter seiner Haube die kleinen Ohrstöpsel, die ihm beim Aussteigen anscheinend verrutscht sind, richtet und seinen Kopf wieder sanft hin- und herwiegt.

Ich blicke frustriert in mein Buch. Die Lust zu lesen ist mir vergangen, denn ich ärgere mich über meine sogenannte Höflichkeit.

Kompetenz-Check

Das kann ich jetzt!

Kreuze an, was zutrifft! Falls du dich bei dem einen oder anderen Punkt noch nicht sicher fühlst, blättere nochmals zurück und wiederhole diesen Abschnitt!

Ich kann ...	Falls ich noch unsicher bin, kann ich hier nachschlagen:
☐ ... Attribute (als Satzgliedteile) erfragen und den Gliedkern erkennen.	S. 87, 88, 89, 90
☐ ... Formen des Attributs nennen und erkennen.	S. 87
☐ ... einen Attributsatz erfragen und erkennen sowie ihn zum Hauptsatz in Beziehung (Bezugswort) setzen.	S. 89, 90

Schlusstest zu den Satzgliedern

Bestimme die einzelnen Satzglieder (S, P, O)!

1. Anna und Yvonne trinken ihre Becher aus.
2. Thomas lud seine Freundin ein.
3. Unser Hund Bello hat seinen riesigen Knochen zerbissen.
4. Norbert hat sich geschnitten.
5. Werner hatte mir 50 Euro geborgt.
6. Opa wird ihm seine goldene Taschenuhr vererben.
7. Mein neues Fahrrad wurde gestohlen.
8. Tante Eveline schenkte mir ein neues Computerspiel.
9. Ich schäle Kartoffeln und mein Bruder wäscht den Salat.
10. Alle Schülerinnen unserer Klasse besuchten mich.

Bestimme die einzelnen Satzglieder (S, P, O, PO)!

1. Er freute sich über den überraschenden Besuch seiner Freunde.
2. Der Tourist fragte uns nach dem Weg zum Stephansdom.
3. Ich denke über diese Aufgabenstellung nach.
4. Die Kinder streiten sich um die Luftmatratze.
5. Er schreibt über seine Reisen ein Buch.
6. Wir waren von dem Konzert begeistert.
7. Sie fragte nicht nach meinem Zeugnis.
8. Der Direktor unterhielt sich mit meinen Eltern.

Bestimme die einzelnen Satzglieder (S, P, O, PO, adverbiale Ergänzungen = AE, ZE, BE, OE)!

1. Unter den Baum legten wir eine Decke für ein Picknick.
2. Vor zwei Wochen sind wir über das Wochenende in die Wachau gefahren.
3. Am Herd köchelt die Rindsuppe und im Backrohr brutzelt der Schweinsbraten.
4. Sie stehen am Gang und reden über dich.
5. In den nächsten Sommerferien arbeitet meine große Schwester im Buffet des Schwimmbades.
6. Georg findet auf der Wiese heute keinen Schattenplatz.
7. Aus unbekannten Gründen kann Gertraud am Wettkampf nicht teilnehmen.
8. Dreimal wöchentlich kommt eine Heimhilfe und betreut meine gehbehinderte Großmutter.
9. Richtung Wien soll auf der Autobahn ein 15 km langer Stau sein.
10. Am Abend liest sie ein Buch oder löst Kreuzworträtsel.

Satzarten

Es gibt

- **Aussagesätze:** Ich <u>gehe</u> in die Schule. ⟶ Personalform an 2. Stelle
- **Fragesätze: Entscheidungsfrage:** <u>Gehst</u> du in die Schule? ⟶ Personalform an 1. Stelle
                    Ergänzungsfrage: Wohin <u>gehst</u> du? Fragewort ⟶ Personalform an 2. Stelle
- **Aufforderungssatz:** <u>Geh(e)/Geht</u> in die Schule! ⟶ Personalform an 1. Stelle
- **Ausrufesatz:** Ich <u>gehe</u> in die Schule! ⟶ Personalform an 2. Stelle

Haupt-, Glied- und Attributsatz

Der **Hauptsatz** (HS) kann **allein stehen**.
Im HS (= Aussagesatz) steht das **Prädikat** (Personalform) an **2. Stelle**.
Ein HS besteht mindestens aus Subjekt und Prädikat.

HS: S   P
Ich gehe.

HS: S   P   OE
Ich gehe in die Schule.

Der **Gliedsatz** (GS) kann **nicht allein stehen**. Er ist einem HS **untergeordnet**.
Der GS wird mit einem **Einleitewort** an den **übergeordneten HS gebunden**.
Die **Personalform** steht im GS **an letzter Stelle**.
Der GS beginnt mit einem Einleitewort und endet mit der Personalform des Prädikats
(= **Gliedsatzklammer**).

Ich <u>gehe</u> in die Schule, **nachdem** ich gefrühstückt <u>habe</u>.
     HS   **GS**
                            Gliedsatzklammer

Da sie Ärztin werden <u>will</u>, <u>lernt</u> sie Latein.
         GS   **HS**

Der Attributsatz (AS) ist ebenfalls ein untergeordneter Satz.
Er ist eine **Beifügung** in Form eines ganzen Satzes **zu einem Satzglied** (= Nomen, Pronomen)
des übergeordneten Satzes (HS).
Nach einem AS fragst du mit „Was für ein?", „Welches?".
Der AS wird mit einem **Relativpronomen** (der, die, das, welcher, welche, welches) **eingeleitet**,
das im richtigen Fall gebeugt werden muss.
Manchmal steht eine **Präposition** (Vorwort) vor dem Relativpronomen.

Ich <u>lese</u> sehr gerne dieses Jugendmagazin, **das** monatlich <u>erscheint</u>. **Was für ein? Welches?**
              HS   **AS** Attributsatz

Dieses Jugendmagazin, **das** monatlich <u>erscheint</u>, <u>lese</u> ich sehr gerne.
                        AS Attributsatz
       HS   Hauptsatzklammer   **HS** (weitergeführt)

Dieses Jugendmagazin, von **dem** ich dir erzählt habe, erscheint monatlich.
                        AS Attributsatz
       HS   Hauptsatzklammer   **HS** (weitergeführt)

 Siehe auch Kapitel „Attribute"!

Kennzeichne den Hauptsatz und den Gliedsatz!
Markiere die Einleitewörter und unterstreiche die Personalform des Prädikats im GS!
Setze – wenn nötig – die Gliedsatzklammer!

GS	HS

1. **Nachdem** sich Anna beim Schwimmen verletzt <u>hat</u>, geht sie nicht mehr in den Pool.

2. Luzia pflückt die Zwetschken, während Stefan die Rosen schneidet.

3. Täglich bringt sie ihnen die Post vorbei und sie erledigt für sie die Einkäufe.

4. Er ist so krank, dass er alle Termine für diese Woche abgesagt hat.

5. Als der Film endlich zu Ende war, gab es Abendessen.

6. Sie hat sich einen Geländewagen gekauft, damit sie im Winter ihr Landhaus erreichen kann.

7. Irene isst keine Erdbeeren, weil sie darauf allergisch reagiert.

8. Da sie ihr Handy immer eingeschaltet hat, ist sie immer erreichbar.

9. Wenngleich Hannah Halsweh hat, isst sie trotzdem Eiscreme.

10. Obwohl Onkel Egon sehr reich ist, vergönnt er sich kaum etwas.

11. Heinz hat sie eingeladen, doch sie wird nicht kommen.

12. In der Früh trinke ich Tee, nachmittags genieße ich Kaffee.

Kennzeichne den Hauptsatz und den Attributsatz!
Markiere das Relativpronomen und unterstreiche die Personalform des Prädikats
im HS und im AS!

HS	AS

1. Wir <u>essen</u> die Brötchen, **die** Mutter für uns hergerichtet <u>hat</u>. **Was für Brötchen?**

2. Wo steht mein Roller, mit dem ich hergefahren bin?

3. Er hat seine Jause, welche ich ihm gekauft habe, zu Hause liegen gelassen.

4. Sie wohnen in einem Haus, in dem es spuken soll.

5. Diese Süßigkeit, die nach einem berühmten Komponisten benannt wurde, verkauft man hier überall.

6. Mit dem neuen Handy, das sie zum Geburtstag bekommen hat, kann sie dich gleich fotografieren.

7. Die Nachbarskatze, die vor einem halben Jahr vier Kätzchen geboren hat, ist schon wieder trächtig.

8. Ist das das Glas, aus welchem ich getrunken habe?

9. Ich kann diese DVD, die ich mir ausgeborgt habe, nicht mehr finden.

10. Er spielt mit Legosteinen, mit denen ich vor 20 Jahren auch schon gespielt habe.

Der zusammengesetzte Satz: Hauptsatzreihe und Satzgefüge

Ein zusammengesetzter Satz besteht aus zwei oder mehreren Sätzen.
Diese Teilsätze können sich aus Hauptsätzen (HS + HS + …) zusammensetzen
(= **Hauptsatzreihe**) oder aus einem Hauptsatz und einem oder mehreren untergeordneten
Sätzen (HS + GS/AS + GS/AS + …) bestehen (= **Satzgefüge**).

Hauptsatzreihe:
Lisa <u>färbte</u> sich die Haare, sie <u>kaufte</u> sich modische Kleidung (,) **und** sie <u>kam</u> so zur Party.
      HS   Beistrich   **HS**   Bindewort   **HS**

Satzgefüge:
Lisa <u>kaufte</u> sich modische Kleidung, **weil** sie alle auf der Party beeindrucken <u>wollte</u>.
      HS   Bindewort   **GS**

Die Hauptsätze können mit einer **nebenordnenden Konjunktion** (Bindewort) **oder mit einem Beistrich verbunden** werden.

Die **nebenordnende Konjunktion** deutet an, in welcher Beziehung die Satzinhalte der Hauptsätze zueinander stehen.

Hauptsatzreihe	Verbindung/Konjunktion	Beispiele
ohne Konjunktion **anreihend**	Beistrich und	Sie färbt sich die Haare, sie kauft neue Kleidung **und** so besucht sie die Schulschlussparty.
ausschließend	**oder** **entweder – oder**	Ich werde meine alten Jeans anziehen (,) **oder** ich werde mir etwas Neues kaufen. **Entweder** werde ich meine alten Jeans anziehen (,) **oder** ich werde mir etwas Neues kaufen.
entgegenstellend	**aber** **doch**	Ich komme zur Party, **aber/doch** ich werde mir vorher ein neues Outfit zulegen.
begründend	**denn**	Sie kauft sich neue Kleidung, **denn** sie will auf der Party auffallen.

Unterstreiche die nebenordnenden Konjunktionen und gib an, welche Beziehung zwischen den Hauptsätzen besteht!

1. Unser Hund sitzt schon im Auto (,) und er wartet auf uns.

2. Ich besuche dich noch heute, aber ich kann nicht lange bleiben.

3. Er gewann den Schwimmbewerb, denn er hatte jeden Tag trainiert.

4. Entweder du kommst mit uns mit (,) oder du musst mit dem Rad nachkommen.

5. Simone schrieb mir ein SMS (,) und ich antwortete ihr sofort.

6. Ich wollte mir eine Pizza bestellen, doch der Kellner empfahl mir die Lasagne.

Untergeordnete Sätze

In der 3. Klasse hast du von **sechs Gliedsätzen und einem Beifügesatz** (= untergeordnete Sätze) gelernt.

Finde ihre lateinischen Bezeichnungen im Buchstabenkasten!
Die zu suchenden Wörter sind senkrecht und waagrecht in Leserichtung zu finden.
Trage die gefundenen lateinischen Begriffe in die Zeilen unterhalb ein und schreibe die deutsche Bezeichnung dazu!

W	E	M	D	S	A	R	T	Z	R	T	O	Ü	R	C	H
T	U	O	B	J	E	K	T	S	A	T	Z	W	Q	H	I
E	T	D	O	D	T	P	Ü	C	H	F	K	L	R	T	F
K	S	A	D	K	A	U	S	A	L	S	A	T	Z	R	U
T	I	L	B	N	F	Ä	D	C	O	W	E	R	T	B	T
Z	D	S	E	S	U	B	J	E	K	T	S	A	T	Z	Z
N	Q	A	U	Z	U	V	F	A	A	D	T	J	Z	U	R
A	M	T	E	M	P	O	R	A	L	S	A	T	Z	R	B
M	U	Z	T	C	K	R	M	Ö	S	O	T	G	A	I	C
S	C	H	Ö	Ü	P	I	E	D	A	X	G	R	Z	E	H
I	E	A	T	T	R	I	B	U	T	S	A	T	Z	R	L
S	C	H	U	L	W	E	I	Z	Z	A	C	B	S	T	A

lateinische Bezeichnung   **deutsche Bezeichnung**

_____   _____

_____   _____

_____   _____

_____   _____

_____   _____

_____   _____

Wir unterscheiden **zwei Gruppen von untergeordneten Sätzen**:
- **Gliedsätze** (GS) ⟶ stehen für ein Satzglied
- **Attributsätze** (AS) ⟶ stehen für einen Satzgliedteil

Die Gliedsätze kannst du weiters unterteilen in:
- **Subjektsätze** und **Objektsätze**
- **Umstandssätze**: Adverbialsätze = Lokalsatz, Temporalsatz, Modalsatz, Kausalsatz

Der **Umstand des Grundes** (Kausalsatz) kann differenzierter, also genauer, ausgedrückt werden durch die Unterteilung in:
- **Kausalsatz** (Grund): Warum? Weshalb?
- **Finalsatz** (Absicht, Zweck): Wozu? Zu welchem Zweck?
- **Konditionalsatz** (Bedingung): Unter welcher Bedingung?
- **Konzessivsatz** (Gegengrund, Einräumung): Trotz welchen Gegengrundes?

Im **Temporalsatz** (Zeitsatz) wird zwischen **Vor-, Nach- und Gleichzeitigkeit** unterschieden.

 Siehe auch Kapitel „Verben" (Übungen zu Vor-, Nach- und Gleichzeitigkeit)!

Untergeordnete Sätze/Frage	Einleitewörter	Beispiele
Subjektsatz (steht für Subjekt) Wer oder was?	**wer, was, dass, ob**	**Wer** rechtzeitig kommt, erhält die besseren Plätze.
Objektsatz (steht für Objekt) Wessen? Wem? Wen oder was?	**dass, ob, wohin, woran**	Er verspricht, **dass** er mehr lernt.
Adverbialsätze:		
• **Lokalsatz** (Ortssatz) Wo? Woher? Wohin?	**wo, wohin, dort**	Ich traf ihn, **wo** wir uns schon einmal getroffen hatten.
• **Temporalsatz** (Zeitsatz) Wann? Seit wann? Wie oft? Wie lange?	**als, während, bis, nachdem, bevor, solange, ehe, seit**	Du musst bremsen, **bevor** es zu spät ist.
• **Modalsatz** (Artsatz) Wie? Wie sehr?	**indem, so – dass, dadurch, wobei**	Sie grüßte, **indem** sie uns zuwinkte.
• **Kausalsatz** (Begründungssatz) Warum? Weshalb? Weswegen?	**weil, da**	Ich machte eine Pause, **weil** ich Hunger hatte.
• **Finalsatz** (Absichtssatz) Zu welchem Zweck? Wozu? Mit welcher Absicht?	**damit, dass**	Ich laufe, **damit** ich nicht zu spät komme.
• **Konditionalsatz** (Bedingungssatz) Unter welcher Bedingung? In welchem Fall?	**wenn, falls, sofern**	Meine Katze freut sich, **wenn** ich mit ihr spiele.
• **Konzessivsatz** (Einräumungssatz) Trotz welchen Gegengrundes?	**obwohl, obgleich, wenn auch**	Ich halte mein Referat, **obwohl** ich erkältet bin.
Attributsatz (bestimmt ein vorange- gangenes Satzglied näher) Was für ein(e)? Welche(r/s)?	**der, die, das, welcher, weche, welches** (Relativpronomen)	Er fiel auf den Arm, **den** er sich einmal gebrochen hatte.

Unterstreiche die untergeordneten Sätze (GS/AS)!
Markiere jeweils das Einleitewort, stelle das Fragewort und bestimme die GS genauer!

Warum? Kausalsatz

1. <u>**Da** heute keine Schule ist</u>, kann ich länger schlafen.

2. Wenn er etwas zum Essen gehabt hätte, hätte er mir sicherlich etwas gegeben.

3. Die Schifahrerin, die den Schiunfall unverletzt überstanden hat, ist schon wieder auf der Piste.

4. Obwohl wir viel zu spät gekommen waren, bekamen wir noch einen Sitzplatz.

5. Er verschaffte sich Platz, indem er die alten Kästen entrümpelte.

6. Wer heute die Stundenwiederholung machen möchte, soll sich melden.

7. Als er auftrat, raunte die Menschenmenge.

8. Er hat uns versichert, dass es keine weiteren Zwischenfälle geben werde.

9. Nachdem wir den Zug versäumt hatten, suchten wir uns ein Zimmer für diese Nacht.

10. Wer meinen Schlüssel zuletzt gehabt hat, weiß ich nicht mehr.

11. Solange meine Eltern verreist sind, wohne ich bei meiner Oma.

12. Er hat mein Heft verloren, das ich ihm zum Nachschreiben geborgt habe.

13. Ob diese Nachricht ankommen ist, werden wir erst morgen wissen.

14. Damit du keine Schwierigkeiten hast, schreibe ich dir eine Bestätigung.

Unterstreiche im folgenden Text alle Gliedsätze!
Markiere zuerst das Einleitewort, stelle dann die Frage und gib zuletzt an,
um welchen Gliedsatz es sich handelt!

Erinnere dich: Im HS steht die Personalform des Prädikats an 2. Satzgliedstelle,
im GS steht sie am Satzende.

Warum verlieren die Bäume im Herbst ihr Laub?

Man glaubt immer, dass der Baum die Blätter im Herbst abwirft, damit sie im Winter nicht erfrieren. Das würden sie wahrscheinlich, wenn sie grün und voll Saft strotzend auf den Bäumen blieben. Das ist aber nicht der Hauptgrund dafür, dass sie der Baum im Herbst abwirft. Die Blätter geben ständig Feuchtigkeit an die Luft ab, also Wasserdampf. (…) Im Winter aber gibt es kaum flüssiges Wasser, weil ja alles Wasser entweder in Form von Schnee auf dem Boden liegt oder überhaupt zu Eis gefroren ist.

Also kann es der Baum nicht aufsaugen, er muss sogar aufpassen, dass er nicht das wenige Wasser im Stamm und in den Wurzeln auch noch verliert.

Darum wirft er die Blätter ab, die ihn nur austrocknen würden, und geht für die Dauer der kalten Jahreszeit in „Winterschlaf". Er wächst nicht, er blüht nicht, er tut fast nichts.

Erst im Frühjahr geht es wieder los. Dann sprießen die Blätter, kurbeln den Wasserstrom wieder an und das Leben mit Blühen und Gedeihen kann weitergehen.

(Nach: Reinhold Gayl, Renate Maderbacher: 100 Kinderfragen zur Natur. Frage 47. Wien 2003 – mit wenigen Veränderungen im Satzbau.)

Apposition

Die **Apposition** ist eine **nachgestellte genauere Erklärung**.
Sie steht im selben Fall wie das **Bezugswort** (= Nomen, Pronomen, Wortgruppe).
Sie ist eine **Form der Beifügung** und ist **durch Beistriche begrenzt**.

Beispiele:

Apposition im Nominativ

Unser **Turnlehrer**, ein ehemaliger Handballspieler des österreichischen Nationalteams, ist auch unser Vereinstrainer.

Apposition im Dativ

Sie stellte **ihr**, einem fünfjährigen Mädchen, viel zu schwierige Fragen.

Unterstreiche die Apposition und zeichne an, auf welches Satzglied sie sich bezieht!
Schreibe auch den Fall dazu!

1. Der Direktor gratulierte ihr, einer Schülerin aus der 4e.
2. Das Gebiet um den Neusiedler See, ein Naturschutzgebiet, ist mein liebstes Ausflugsziel.
3. Die Firma Gruber, ein Busunternehmen, sponsert unsere Schülerzeitung.
4. Bei ihr, meiner Lieblingstante, verbringe ich immer ein paar Ferientage.
5. Der Hund, ein junger Rauhaardackel, bellt den ganzen Vormittag, wenn sein Besitzer in der Arbeit ist.

Infinitiv- und Partizipialgruppen

- **Infinitiv- und Partizipialgruppen** (Nennform- und Mittelwortgruppen) können anstelle von Satzgliedern und Gliedsätzen stehen.
- Der **Infinitiv mit „zu"** oder **„um zu"** und auch die **Partizipien** können mit Satzgliedern **erweitert werden**.
- Diese satzwertigen Gruppen **können durch Beistrichsetzung** vom übrigen Satz **getrennt** werden, damit die Gliederung des Satzes deutlich wird.
- **Infinitivgruppen müssen durch Beistrich abgetrennt werden,** wenn sie von einem **Nomen abhängen** oder mit **um, ohne, anstatt, außer, als** oder von einem **Verweiswort** eingeleitet werden.

- **Bloßer Infinitiv mit „zu"**: Der Gefangene versuchte **zu fliehen**.
- **Satzwertige Infinitivgruppe mit „zu"**:
  Der Gefangene versuchte (,) **aus dem Gefängnis zu fliehen**.
- **Von einem Nomen abhängige satzwertige Infinitivgruppe**:
  Ihre **Hoffnung**, zwischen den beiden Parteien Frieden zu stiften, erfüllte sich.
- **Satzwertige Infinitivgruppe mit „um zu" und „anstatt zu"**:
  Er fuhr ins Einkaufszentrum, **um** sich eine neue Stereoanlage **zu** kaufen.
  Anstatt mir **zu** helfen, spielte er mit der kleinen Katze.

- **Durch ein Verweiswort angekündigte satzwertige Infinitivgruppe:**
  Sie spricht **davon**, einmal ein Jahr im Ausland zu studieren.
  Er erlaubte **es**, im Turnsaal für unsere Tanzprobe zu trainieren.
- **Satzwertige Partizipialgruppe (1. Partizip):**
  In der Sonne schwitzend (,) saßen wir am Bahnhof und warteten auf den Zug.
- **Satzwertige Partizipialgruppe (2. Partizip):**
  In meine Gedanken versunken (,) überhörte ich das Läuten der Glocke.

Forme die satzwertigen Infinitiv- bzw. Partizipialgruppen in Gliedsätze um!
Verwende dazu das in Klammer angegebene Bindewort!

Beispiele: Ich kaufe mir eine Brille, um besser sehen zu können. (dass)
    Ich kaufe mir eine Brille, dass ich besser sehen kann.
    Laut jubelnd (,) liefen sie vom Fußballfeld. (indem)
    Indem sie laut jubelten, liefen sie vom Fußballfeld.

1. Der Klassensprecher versprach, sich um die Sache zu kümmern. (dass)

2. Die Hoffnung, beim Turnier noch zu siegen, motivierte ihn zu großen Leistungen. (dass)

3. Sie glaubt (,) deinen bisherigen Rekord zu brechen. (dass)

4. Meine Freundin versprach (,) mir bei den Vorbereitungen zur Halloweenparty zu helfen. (dass)

5. Um Hilfe schreiend, stürmte die Frau aus ihrer Wohnung. (indem)

6. Vom anstrengenden Aufstieg ausgeruht (,) setzten wir die Wanderung fort. (nachdem)

Bilde anstelle des Gliedsatzes eine satzwertige Infinitiv- oder Partizipialgruppe!

1. Wir hoffen, dass wir pünktlich ankommen werden.

2. Ich besuchte in den Ferien einen Sprachkurs, damit ich besser Englisch spreche.

3. Die Post versprach uns, dass sie die Telefonstörung so schnell wie möglich beheben werde.

4. Indem sie laut pfiff, verscheuchte sie die Krähen.

5. Da sie völlig von diesem Putzmittel begeistert war, kaufte sie das komplette Set.

6. Damit die Kinder allein schwimmen dürfen, besuchen sie einen Schwimmkurs.

Schlusstest zur Satzbestimmung

**Vom Text „Was isst man beim Spargel?" hast du im
Schlusstest zur Wortlehre schon alle Wörter nach ihrer Wortart bestimmt.
Bestimme nun die Sätze und satzwertigen Gruppen! Markiere die Einleitewörter
und unterstreiche die Personalformen!**

Spargel ist eine der wenigen Pflanzen, bei der man den Stängel isst.

Der Spargel ist eine ganz normale Pflanze mit fein verästeltem Stängel und nadelförmigen

Blättern, er bekommt kleine weiße Blüten und rote Beeren als Früchte.

Einen nahen Verwandten von ihm kennst du vielleicht als Zimmerpflanze: Es ist der Asparagus.

Jedes Jahr im Frühling treibt der Spargel aus seinem unterirdischen Wurzelstock Stängel

nach oben. Solange sie unter der Erde sind, sind sie bleich, dick, weich und haben eine dünne

Haut. Sobald sie aus der Erde sprießen, wird der Stängel hart, dünn und grün. Also häuft

man Erdhaufen von einem halben Meter Höhe über den Wurzelstock, dann entstehen lange,

weiche, dicke, dünnhäutige Sprossen – eben die Spargelsprossen, die man dann abschneidet

und (die man) kochen und (die man) essen kann.

Wenn man sie nicht erntet, dann wachsen sie zu großen Stauden aus, die auch Blüten

hervorbringen. Die braucht man, falls man jemals Samen vom Spargel ernten will.

(Nach: Reinhold Gayl, Renate Maderbacher: 100 Kinderfragen zur Natur. Frage 97. Wien 2003 – mit
Änderungen im Satzbau.)

**Bestimme im Text „Der Kormoran und die Sterne" die Sätze und satzwertigen Gruppen!
Markiere die Einleitewörter und unterstreiche die Personalformen!**

Eines Nachts suchte ein Kormoran am Meeresufer nach Nahrung und sah, wie die Sterne sich

im Wasser spiegelten. Weil er meinte, die sanft flimmernden Lichtpunkte seien Fische, tauchte

er und wollte sie mit dem Schnabel fassen. Wieder und wieder tauchte er, aber nie gelang es

ihm, einen der vermeintlichen Fische zu fangen.

Schließlich gab er es auf und schwor, weil alle Mühe vergeblich gewesen war, nie mehr nach

einem Fisch zu tauchen. Zeit seines Lebens nährte er sich kümmerlich von ein paar Krabben,

Krebsen und Muscheln, die er am Ufer fand, obwohl es im Meer von Fischen nur so wimmelte.

Indien

(Nach: Käthe Recheis: Fabeln aus aller Welt. Wien 2004. S 39 – mit kleinen Änderungen im Satzbau.)

Beistrichsetzung – kurz gefasst

Regel	Beispiele
1. Bei Aufzählungen Keine Beistrichsetzung bei: **und, oder, sowie,** **entweder – oder, weder – noch,** **sowohl – als auch**	Sie besichtigte den Dom, das Schloss **und** den Tierpark. **Entweder** du fährst mit **oder** gehst zu Fuß.
Beistrichsetzung bei: **aber, doch, jedoch,** **sondern**	Er feiert nicht seinen 13., **sondern** seinen 14. Geburtstag.
2. Anrede **Ausrufe**	Felix, komm bitte her! Hallo, ist jemand zu Hause?
3. Zwischen zwei Hauptsätzen HS, HS HS (,) **und** HS HS (,) **oder** HS HS, **alle andere Konjunktionen** HS	Doris liest Zeitung, Hans hört Musik. Doris liest Zeitung (,) **und** Hans hört Musik. Karl liest ein Buch (,) **oder** er schläft. Ida liest ein Buch, **aber** es gefällt ihr nicht.
4. Zwischen HS und GS/Attributsatz HS, **Einleitewort** GS HS, **Relativpronomen** AS	Ich hoffe, **dass** sie sicher ankommen. Ich kenne den Mann, **der** dich gegrüßt hat.
5. Apposition **erklärender Einschub**	Max, **mein Sitznachbar**, fehlt heute. Der Wal, **ein Säugetier**, lebt im Meer.
6. satzwertige Infinitivgruppe **satzwertige Partizipialgruppe**	Beispiele siehe Kapitel „Infinitiv- und Partizipialgruppen", Seite 98–99!

Weitere Übungen zur Beistrichsetzung siehe „Kompetent AUFSTEIGEN Deutsch 4 – Rechtschreiben"!

Setzte bei folgenden Sätzen die Beistriche! Gib die Regel in Klammer an!

1. Auf unserer Sportwoche konnten wir zwischen Reiten Tennisspielen Surfen und Schwimmen wählen.
2. Harald isst gerne italienisch besonders Nudelgerichte.
3. Claudia suchte den Federball im Gras und ich durchsuchte das Blumenbeet nach ihm.
4. Er glaubt fest daran seine Freunde bald wiederzusehen.
5. Schwer beleidigt zog sich Gregor zurück.
6. Wir treffen uns bei mir aber wir werden am späteren Abend in ein Lokal gehen.
7. Er reparierte den Fahrradschlauch indem er ein neues Ventil hineinschraubte.
8. Unsere Gruppe verlässt sich auf den Reiseführer der Prag schon öfters besucht hat.
9. Carina wollte in den Ferien Frankreich bereisen in Spanien ihre Brieffreundin besuchen und in Portugal ein paar Tage am Meer Urlaub machen.
10. Max hör endlich damit auf!

Schlusstest zur Beistrichsetzung

Setzte bei folgenden Sätzen die Beistriche! Gib die Regel in Klammer an!

1. Das Wetter hatte sich so verschlechtert wir konnten mit dem Schiff nicht weiterfahren.
2. Anstatt für den morgigen Test zu lernen ging er ins Kino.
3. In vielen Fertigprodukten wie zum Beispiel in Ravioli sind chemische Stoffe die das Essen haltbarer machen.
4. Von der gewaltigen Anstrengung stark gezeichnet kehrte er heim.
5. Ich freute mich über euren Besuch besonders über deinen.
6. Gleich nach dem Mittagessen brach er auf denn er wollte keine Zeit verlieren.
7. Tief seufzend beugte er sich über sein Werkstück das morgen fertig sein sollte.
8. Tamara beschäftigt sich am liebsten mit ihren Puppen aber auch mit Bausteinen spielt sie gerne.
9. Wir fanden beim Spazierengehen eine streunende Katze sie war halb verhungert.
10. Kochst du morgen oder gehen wir essen?
11. Um 14 Uhr soll der Techniker kommen um die kaputte Sat-Anlage zu reparieren.
12. Fritz versprich mir dass du dich nicht wieder überreden lässt so lange zu bleiben!

Im folgenden Text „Warum gibt es so viele verschiedene Blumen?" fehlen die Beistriche. Setze sie und gib die dazugehörige Regel an!

Regel Nr.

1 Man kann nur sehr schwer sagen warum es so viele verschiedene Lebewesen _____
gibt. Eine Antwort findet man wenn man bedenkt dass alle Lebewesen _____
miteinander in Verbindung stehen. Von den Blumen leben die Tiere die sie _____
bestäuben und das sind nicht nur die Bienen sondern Hummeln Schmetter- _____
5 linge Fliegen Käfer ja sogar Stechmücken bei denen nur die Weibchen Blut _____
saugen denn die Männchen leben vom Nektar der Blumen. _____
Da aber nicht jedes Tier in jede Blüte passt ist es sehr gut dass sie so _____
verschieden sind. Da findet wenigstens jedes dieser Bestäubungstiere etwas _____
zum Fressen nämlich entweder den Nektar das ist ganz einfach Zuckersaft _____
10 den die Pflanzen extra erzeugen um die Tiere anzulocken oder den _____
Blütenstaub den die Tiere ebenfalls gerne fressen. (…) _____
Außerdem haben alle Blumen ja auch noch Blätter von denen leben _____
wiederum viele Tiere wie zum Beispiel die Raupen die sie fressen. Die _____
Raupen sind meist ganz einseitig auf eine ganz bestimmte Pflanze _____
15 angewiesen. Die Raupen des Tagpfauenauges und des Kleinen Fuchses _____
können nur von Brennnesselblättern leben der Schwalbenschwanz wieder _____
braucht Doldengewächse wie zum Beispiel Karotten. (…) _____
Für uns Menschen ist es natürlich wunderschön dass es so viele _____
interessante Tiere und Pflanzen gibt. Für die Natur ist es vor allem wichtig _____
20 welche Rolle sie spielen. _____

(Nach: Reinhold Gayl, Renate Maderbacher: 100 Kinderfragen zur Natur. Frage 67. Wien 2003.)

Kompetenz-Check

Das kann ich jetzt!

Kreuze an, was zutrifft! Falls du dich bei dem einen oder anderen Punkt noch nicht sicher fühlst, blättere nochmals zurück und wiederhole diesen Abschnitt!

	Ich kann ...	Falls ich noch unsicher bin, kann ich hier nachschlagen:
☐	... Satzarten nennen und unterscheiden.	S. 92
☐	... Merkmale von Hauptsatz (HS), Gliedsatz (GS) und Attributsatz (AS) nennen.	S. 92, 93
☐	... Hauptsatzreihen und Satzgefüge erkennen und unterscheiden.	S. 94
☐	... die Beziehung zwischen Hauptsätzen aufgrund verwendeter Konjunktionen (Bindewörter) erkennen.	S. 94
☐	... die deutschen und lateinischen Bezeichnungen für Gliedsätze und Beifügesatz nennen.	S. 95
☐	... Arten von Gliedsätzen aufzählen, erfragen und die Einleitewörter nennen.	S. 96
☐	... Gliedsätze und Attributsätze erfragen und unterscheiden sowie das Einleitewort finden.	S. 97
☐	... Appositionen erkennen und bilden.	S. 98
☐	... Infinitivgruppen und Partizipialgruppen erkennen und bilden.	S. 98
☐	... Infinitivgruppen und Partizipialgruppen in Gliedsätze umformulieren.	S. 99
☐	... Satzbestimmungen durchführen.	S. 100
☐	... die Beistrichregeln nennen und anwenden.	S. 101, 102

104

Stichwortverzeichnis